Du Congo à Ganshoren
un destin incroyable

Renaissance du Livre

 Borgerhoff & Lamberigts nv, 2019, pour la version originale
Burgstraat, 18K – 9000 Gent

Photographies en couverture : © Belga Image et © Ronald Devaux (couverture arrière)
Sauf autre précision, les photographies du cahier central sont créditées
Pierre Kompany et Isabelle Verlinden Jarbath.

L'éditeur s'est efforcé d'identifier les propriétaires des droits des illustrations et
des textes. Les ayants droit qui, malgré ses recherches, n'auraient pas été
retrouvés sont priés de se faire connaître à l'éditeur.

Coordination éditoriale et mise en page : [nor] production
Imprimerie : V.D. (Temse, Belgique)

ISBN : 978-2-875-42197-5
Dépôt légal : D/2019/12.379/17

Tous droits réservés. Aucun élément de cette publication ne peut être reproduit,
introduit dans une banque de données ni publié sous quelque forme que ce soit, soit
électronique, soit mécanique ou de toute autre manière, sans l'accord écrit
et préalable de l'éditeur.

PIERRE KOMPANY

Mise en récit par **Isabelle Verlinden Jarbath**

Du Congo à Ganshoren
un destin incroyable

Grâce à toi, Papa, j'ai compris que le temps qu'on offre à nos enfants ne peut être coté en Bourse ou traduit en richesse patrimoniale.

Ce qui est certain, c'est que la réussite, dans la vie d'un papa et d'une maman, c'est de pouvoir accompagner ses enfants, aussi bien dans le milieu scolaire que dans le milieu sportif.

Reproduire les gestes journaliers que vous nous avez offerts, Maman et toi, fait partie aujourd'hui de mon quotidien.

Et je savoure chaque moment passé avec mes enfants, car si nous savons tous que l'homme est mortel, les connaissances et la sagesse qu'on laisse à nos enfants demeurent en revanche éternellement.

Tout cela nous ramène à la transmission de valeurs que l'on retrouve dans certaines lignées de chefs comme nos ancêtres.

Christel KOMPANY

Depuis notre plus tendre enfance, nous avons grandi dans un environnement d'amour et d'opportunités. Cela malgré une réalité sociale parfois compliquée.

Si, aujourd'hui, nous sommes ce que nous sommes en tant qu'êtres humains et surtout parents, c'est grâce aux valeurs qui nous ont été inculquées et aux occasions favorables qui nous ont été offertes depuis le plus jeune âge, par maman et toi. Tant à l'école que lors des disciplines extrascolaires, ou bien même lors des débats pendant les repas en famille, nous étions amenés à nous exprimer et à progresser.

Je vous suis tellement reconnaissant pour tout ce que vous avez fait pour nous et, chaque jour, je tente de transmettre à mes enfants aussi les valeurs et le savoir qui nous ont été partagés par vous.

Vincent KOMPANY

Cela ne fait que quelques mois que je suis le père d'une merveilleuse petite fille… et cet événement m'a davantage encore ouvert les yeux sur tous les efforts que nos parents ont déployés pour ma sœur, mon frère et moi.

Ils ont fait en sorte que nous puissions nous épanouir dans ce que l'on aimait. Ils nous ont encouragés à pratiquer le foot, l'athlétisme, à nous engager chez les scouts…, tout en ayant eux-mêmes un emploi du temps déjà bien rempli.

Ils ont toujours été derrière nous à nous soutenir pour exceller dans ce que nous entreprenions, quel que soit le domaine.

Ils nous ont donné la liberté de poser nos choix, de commettre parfois des erreurs, tout en faisant en sorte que ces erreurs soient des leçons de vie pour plus tard.

Ils nous ont inculqué les valeurs qui à leurs yeux étaient les bonnes et qui ont fait de nous ce que nous sommes aujourd'hui : des personnes fermement engagées dans leur projet de vie.

Pour tout le temps et l'amour qu'ils nous ont prodigués, je tiens à les remercier.

François KOMPANY

1
« Je suis le fils d'un chef »

Tante Cécile traverse toute la ville en me serrant contre elle. Elle me porte sur le trajet de l'hôpital à la maison. Il ne faut pas que je sois vu par les autres, il faut me protéger du mauvais sort… Dans toutes les sociétés du monde, le nouveau-né est accueilli avec joie et fait l'objet de rituels.

Je suis né à Bukavu le 8 septembre 1947 : Pierre Kompany Ntalaja-Kabanza Tshimanga.

Ma maman, Marthe Jeanne Nabugoma Mwa Kada, est originaire du Kivu, du territoire Bashi.

Mon papa, Léon Arthur Kompany Mpoyi Kalambayi, est, lui, du Kasaï, de Bakwanga, nommé aujourd'hui Mbuji-Mayi, chef-lieu de la province du Kasaï-Oriental. Il est issu du district de Kabeya Kamwanga et c'est le chef de notre tribu, notre clan, « Les Bena Kasadi ».

À l'époque, quand les Belges ont commencé à exploiter les diamants dans le Kasaï, ils ont dépeuplé en grande partie les lieux et ont décidé de déporter la tribu de mon père.

Certainement pour éviter le trafic du diamant, mais ça, on ne le dira que tout bas !

Mon village devra donc migrer vers d'autres régions, pour certains villages même, ce sera vers d'autres provinces, comme pour la construction des chemins de fer près de la capitale qui s'appellera Léopoldville, d'autres encore iront au Katanga pour les mines de cuivre, où ils seront nombreux à travailler.

Une bonne partie de mon village se déplacera vers Luluabourg, devenu aujourd'hui Kananga, une ville de presque 2 000 000 d'habitants située au centre de la République démocratique du Congo (RDC). C'est la capitale de la province du Kasaï-Central.

Mon papa, promis à trôner notre bourgade, sera mobilisé et enrôlé parmi les jeunes qui ont fait la guerre 40-45. De ce fait, mon cousin paternel reprendra le flambeau.

Rappelons à l'occasion que la participation du Congo dans la Deuxième Guerre mondiale a été totale, tandis qu'en 14-18, elle a été avant tout militaire. Mon pays apportera à la fois les richesses de ses mines, de ses plantations, de ses forêts, le travail acharné de ses populations blanches et noires, ses soldats et ses armes. À cette époque, une prise de conscience de sa valeur et de sa puissance mondiale naît et s'affermit. Un travail intense s'opère à l'intérieur du pays[1].

Parallèlement, sur le plan social, le travailleur, blanc ou noir, commence à affirmer ses droits ; des syndicats se forment. Des classes sociales font leur apparition et ce n'est pas sans heurts. Dans un pays qui, jusque-là, a vécu conformément à la stricte condition coloniale, on assista « à l'éveil » d'un esprit démocratique. Le tout allant de pair avec la formation d'une

---

1 Oscar Libotte, « Le Congo belge », sur www.urome.be.

jeune élite autochtone fraîchement sortie des écoles. Le Congolais prend conscience qu'il est avant tout un individu, dont les actes peuvent avoir des répercussions. Un individu dont le « monde libre » a eu besoin pour gagner sa guerre. Ce sentiment s'affirme de plus en plus dans les villes, là où la jeunesse, venue de régions différentes, commence à confronter ses expériences et ses visions.

Le Congo d'après-guerre est un Congo au visage nouveau, sûr de soi et solide. Il se présente comme un pays adolescent, prêt à amorcer la préparation de son âge adulte. La guerre mondiale a ouvert pour lui une ère nouvelle, et ce, dans tous les domaines.

Mon père s'est retrouvé dans le « circuit militaire » qui l'a mené à Bukavu pour y terminer son service. Il y croise ma maman juste après la guerre. Je ne connaîtrai jamais les détails de leur rencontre. À cette époque, nous ne parlons pas de ce genre de chose et les enfants ne demandent pas à leurs parents comment ils se sont rencontrés… On ne parle pas de l'intimité parentale. Mon père et ma mère sont très pudiques. Je le suis tout autant.

Mon père est fermement lié à l'éducation et l'enseignement par son rôle de haut responsable des mouvements de jeunesse : les scouts. Cela lui prend la plupart de son temps, c'est aussi son plaisir. Je serai également dans un mouvement de jeunesse, comme chacun de mes propres enfants !

Indépendant et surtout l'âme d'un chef, il crée sa propre société en électricité « KVWatt Congo » (K pour Kilo, V pour Volt et W pour Watt). Du haut de mon jeune âge, je garde un lointain souvenir que je trouve assez exceptionnel. Mon père et ses employés ramassent les ampoules dont les filaments sont endommagés, ils les démontent, replacent un filament neuf, et ils remettent les ampoules en circulation pour un prix assez dérisoire. Tous ces mécanismes me fascinent déjà…

À la tête de quelques travailleurs, il atteindra une soixantaine d'employés, soixante-deux pour être précis, dans les années 1960.
Sous le régime de Mobutu, il perdra tout.

Je suis le premier enfant de mon père, son premier fils, l'aîné du chef de la tribu, cette place est inscrite en moi !

Ma maman a déjà deux enfants quand je nais, mais je ne les ai pas vraiment connus ni côtoyés. Mes frères sont des enfants métis, nés d'une relation entre un père belge et une mère congolaise. C'est le temps où ces enfants sont placés dans des internats, enlevés de force et casés dans des couvents tenus par des sœurs catholiques. L'objectif est d'en faire une catégorie à part. Je n'ai jamais vécu avec eux.

Elle les perdra tous les deux beaucoup plus tard… L'un sera agressé lors des rébellions, l'autre sera porté à jamais disparu.

Je suis le premier d'une famille de onze enfants. Trois garçons sont nés de l'union entre mes parents. Moi, mon frère Pascal, qui me suit d'un an, dont je serai très proche et avec qui j'ai grandi, et Dieudonné. Malheureusement, tous deux sont décédés.

Mon père s'est remarié et a eu d'autres enfants. Maguy, qui habite actuellement à Liège, Adrianne, qui est au Congo, Edmond, qui vit aussi à Liège, les jumeaux Julie et Nicolas, la première située à Tirlemont, et mon frère qui vit à Nancy, en France. Jules, l'avant-dernier garçon qui est établi dans la province de Liège, « Emma », Emmanuelle, qui habite également à Tirlemont et, pour terminer, le plus jeune, Louis, surnommé

Louison, qui vit à Bruxelles. Ma mère ne se remariera pas et n'aura pas d'autres enfants.

Pour suivre les traces de nos ancêtres, connaître un peu nos origines et notre histoire, mes parents décident de nous emmener, moi et mon frère Pascal, chez notre grand-mère. Ma mère nous y emmène, mais ne restera pas avec nous.

Ma grand-mère Marguerite Kapinga Mwikisha wa Lumbala Nyindu, la mère de mon père, est une fille de chef !

Je n'ai pas grandi dans un milieu « pauvre ». Tout est régulier, malgré le fait que ce soit une colonie… L'exploitant travaille sérieusement et a peur de voir les autochtones arrivés à un niveau d'intellectualisation bien plus élevé que le sien, au risque de mettre en danger certains cadres européens qui n'ont pas de formation. Les Belges pensent avoir trouvé le système parfait : une présence permanente, tout en gardant l'estime des Africains. L'amélioration lente, mais continue, du niveau de vie semble justifier les vertus de la colonisation belge. Mais, sous cet ordre en surface, se développent des revendications venant de sectes religieuses, des tribus et des intellectuels.

2
L'école laïque mixte

On doit être en 1954... Une année s'écoule avant de nous rendre à Luluabourg.

Nous sommes chez ma tante Anastasie, la sœur de mon père où je commencerai mon instruction en première primaire. Elle y habite une énorme maison, magnifique, avec ses nombreux enfants et son mari, Maurice. Chef descendant d'un clan redoutable. Après les patrons blancs, c'est lui le responsable ! Pour l'anecdote, cette demeure deviendra le quartier général de l'ONU qui la réquisitionne lors de l'Indépendance.

Cette année a été un tournant majeur dans l'enseignement au Congo. Le ministre libéral Auguste Buisseret décide d'ouvrir des écoles laïques mixtes, établissements scolaires qui peuvent donc accueillir des garçons et des filles, des Blancs et des Noirs. Et je suis inscrit dans l'une d'elles, ce qui est tout à fait original à l'époque. Une école qui n'est pas à vocation catholique...

Le mari de ma tante, libre-penseur non dénué de culot, a décidé de tous nous y inscrire. C'est une « révolution ». Je me retrouve déjà, sans le vouloir, dans une situation où la liberté d'esprit, la revendication et le libre arbitre prennent une place très importante dans mon éducation, mais également dans ma vie et mes valeurs.

La prière ne fait donc pas partie de mon quotidien. J'ai cependant le choix de suivre le cours de religion catholique… Brusquement, certains affirment qu'il ne faut plus aller à l'Église. Ils crient haut et fort qu'ils n'ont pas vocation à être religieux. Dans un pays comme le Congo, colonisé, c'est clairement un problème. Les valeurs et la tradition structurent une nouvelle pensée qui veut faire table rase de l'idéologie coloniale.

À cet instant, je ne me pose aucune question, je suis un enfant.

Ce parcours m'aura certainement permis d'avoir un regard ouvert et une faculté à respecter tous ceux et toutes celles qui se dirigent vers les cultes religieux, quels qu'ils soient, mais surtout sans jamais ne rien devoir m'imposer.

À mon époque, il est très commun que les enfants grandissent avec d'autres membres de leur famille, pas nécessairement avec leurs parents. C'est généralement par facilité scolaire, car l'un ou l'autre est situé aux abords d'une bonne école. Dans ma famille, l'instruction est essentielle. C'est une priorité. Alors tout est toujours mis en œuvre pour bénéficier des meilleurs apprentissages. Certains enfants sont parfois envoyés chez un frère qui a plus de moyens, chez une tante qui a plus d'argent… Ce n'est pas mon cas, car, dans ma famille, c'est mon père qui a le plus d'argent. Du temps de la colonisation, il est l'un des seuls Noirs à pouvoir se payer son billet d'avion et à pouvoir voyager. Lors du remariage de mon père, ma belle-mère le rejoint en avion. La seule Noire sur le vol, les Blancs seront complètement cloués et sidérés ! Chez nous, les moyens n'ont jamais manqué.

Vers 1955-1956, mes parents se séparent. Ce n'est pas un problème comme aujourd'hui. Les gens se séparent sans souci, sans difficulté et sans gêne et, pour les enfants, c'est pareil. Pas de tristesse, de frustrations ou de perturbations quelconques...

En 1957, la Belgique accepte l'organisation d'élections locales. Les Congolais votent pour la première fois. Il ne s'agit que d'élections communales, limitées à trois agglomérations (Léopoldville, Élisabethville et Jadotville) divisées en « communes », correspondant à des arrondissements peuplés soit d'Européens, soit d'Africains[2].

La colonisation, je n'en ai pas conscience. Elle ne fait pas partie de mon quotidien. Mon professeur est Blanc, et alors ? On étudie, on s'amuse, on joue, on mange, on dort. Ma vie est parfaitement réglée. En revanche, pour certains parents, certains adultes, qui doivent affronter les colonisateurs et faire face aux structures mises en place, c'est certainement une souffrance. J'ai grandi avec la naïveté de tout enfant.

En 1958, trois événements contribuent à l'accélération de l'Indépendance congolaise. L'Exposition universelle de Bruxelles qui apparaît comme une (première) occasion aux Congolais de découvrir la Belgique. Cette découverte leur a en effet permis de démystifier « l'homme blanc » en observant les modes de vie métropolitains. Ils ont également découvert les positions anticoloniales de certains Belges. D'ailleurs, une majorité des grands leaders de l'indépendance se sont rendus à l'Exposition.

Ensuite, le discours tenu par De Gaulle à Brazzaville, dans lequel il soutient que toutes les colonies peuvent accéder à l'indépendance, a évidemment fait son effet sur la population congolaise (et surtout sur l'élite congolaise, connue sous l'appellation des « Évolués »), mais aussi sur le gouvernement

2   « Suffrage universel », *Wikipédia*, mis à jour le 15/05/2019.

belge, qui n'a pas été tenu préalablement informé de cette allocution et qui, évidemment, ne l'apprécie que modérément.

Enfin, la Conférence d'Accra du 5 décembre à laquelle trois leaders du MNC (Mouvement national congolais, dont Lumumba est le leader) assistent – dont Lumumba. Lors de ce meeting, d'anciennes colonies expliquent le processus d'émancipation tel qu'il s'est déroulé sur leur territoire : c'est la découverte de l'Afrique indépendante et de la solidarité africaine. De retour au Congo, Lumumba résume cette conférence lors d'un meeting dans le courant du même mois de décembre au cours duquel il présente son parti qui bénéficiera d'un large succès après cette intervention. Lumumba déclare pendant ce meeting : « L'indépendance n'est pas un cadeau de la Belgique, mais bien un droit fondamental du peuple congolais. » À partir de 1958, la fonction politique suscite un intérêt plus vif, mais aussi une certaine reconnaissance. Plusieurs partis se fondent et les tensions sont nombreuses, tant au sein des partis qu'entre partis[3].

L'accès aux études supérieures n'est envisagé qu'à l'aube de l'Indépendance. À cette date, il n'y a aucun médecin ni juriste congolais. Paul Panda Farnana sera le premier étudiant congolais à faire des études supérieures en Belgique et en France. Il décroche son diplôme d'agronome avec la plus grande distinction… en 1907. Pourquoi n'y a-t-il pas d'autres cas semblables avant 1960 ?

Toutefois, depuis la fin de la guerre mondiale émerge la classe des Évolués, des Congolais instruits, salariés, citadins, dont le mode de vie ressemble à celui d'un Européen. On peut dire que ma famille en fait partie. Mon père aussi est un Évolué. Avec mes yeux d'enfant, j'ai déjà compris qu'il est opposé à l'injustice et qu'il appartient à une certaine classe sociale.

3 « Le Congo de 1955 à 1960 : une voie vers l'indépendance », sur tranb300.ulb.ac.be, mis à jour le 21/12/2012.

3
Les vacances à Tshikapa

Chaque année, je passe les vacances chez ma grand-mère à Tshikapa. Une superbe maison située dans une région boisée, des champs à perte de vue, un endroit époustouflant. Du personnel de maison – une douzaine de personnes – s'occupe des différentes tâches que ma grand-mère lui a attribuées. J'y descends pendant deux mois avec mon frère Pascal, mes cousins et mes cousines.

Un moment suspendu dans le temps.

Ma grand-mère a beaucoup de coutumes. Dès notre arrivée, les chefferies doivent être clairement distinctes et toutes deux reconnues.

Le premier jour, il y a des cérémonies à respecter : deux repas, deux feux, deux poules cuisinées de manière différente : deux familles descendantes de chef, la tribu de mes cousins et celle de mon frère et moi. C'est notre façon d'honorer nos ancêtres. Notre lignée. La famille africaine se présente comme une filiation qui englobe les morts, les vivants et les générations futures.

Le lendemain, tout est balayé, tout revient à la normale.

Je ne suis qu'un enfant, mais inconsciemment conscient que nous sommes des êtres importants, dotés d'une vocation sociale déjà très prononcée. Mais c'est naturel, c'est comme ça...

Très rapidement, je comprends le sens de la société, de celle dans laquelle je grandis et j'évolue.

Ceux qui sont responsables sont responsables des autres.

Avec le temps, je comprendrai chaque mot de cette phrase ; chaque émotion et chacun des gestes posés durant ma vie auront une signification.

Je suis cependant toujours resté loin de tout cela, les histoires mythiques et mystiques n'ont jamais occupé une place importante dans mon existence.

Mais il est certain que, lorsqu'on grandit en gardant à l'esprit qu'on est le descendant d'un chef, inévitablement cela a une influence sur notre vie et nos choix. Pour le dire autrement, c'est une culture de la vie différente.

Mon père vient en général nous rendre visite quand nous sommes en vacances. Il descend avec des malles entières de produits en tout genre. Il ne peut pas venir plus souvent ; à l'époque, la possibilité de se déplacer est beaucoup moins évidente. Ce voyage, tu ne le fais qu'une fois l'année, tu traverses 800 kilomètres... Cela met du temps, les communications étant moins rapides.

Le reste de l'année, il m'envoie souvent des nouvelles par courrier postal. Dont un cadeau reçu pour l'un de mes anniversaires, une BD de Hergé, avec son célèbre héros Tintin, *On a marché sur la Lune*. Je l'ai toujours...

À cette époque, je n'ai plus vraiment de contact avec ma mère, mais le réseau familial existant est conçu de telle sorte que cela n'a pas d'impact sur l'enfant que je suis. Elle n'est pas isolée de la famille. Elle est divorcée de mon père, mais elle n'est pas exclue... en Afrique, l'amour est distribué par toute la famille. La plupart des universitaires congolais n'auraient pu l'être s'ils n'avaient pas quitté leur propre famille pour retrouver d'autres membres de la fratrie des centaines de kilomètres plus loin.

Je suis un étudiant brillant ! Chef de classe de ma troisième à ma sixième primaire, élu démocratiquement, alors que, parallèlement dans le pays, la dictature se durcit.

Je lis énormément, surtout des bouquins de vulgarisation scientifique. J'ai soif de connaissances et d'innovations techniques.

Parallèlement à ma vie scolaire, le football est omniprésent dans ma vie. Nous délimitons nous-mêmes nos propres terrains de football et on organise des matchs par quartier. Le football est pour tout le monde, un football de rue, un football sauvage, mais je n'ai ni l'idée ni la prétention de me considérer comme un vrai joueur pro, ça ne m'a jamais effleuré l'esprit. Cela dit, je suis l'un des gamins les plus doués qui pratiquent ce sport... et j'ignore encore que je ferai partie des meilleurs... Il y a aussi un de mes amis, Pierre Ndaya Mulamba, surnommé « Mutumbula » (le « croque-mitaine »), depuis son enfance où il s'est déguisé en léopard et a terrorisé tout son quartier. Il détient le record de buts marqués en une phase finale de Coupe d'Afrique des nations avec neuf buts en six matchs lors de la CAN 1974 (Coupe d'Afrique des nations de football) en Égypte. Il a également gagné la coupe africaine des clubs champions avec la formation du VITA Club (club congolais de football dont les joueurs sont surnommés les « Dauphins noirs ») qui a remporté la Ligue des Champions africaine en 1973, ainsi que de nombreux titres de champion de RDC. Ce grand homme est décédé il n'y a pas très longtemps, le 26 janvier 2019, à l'âge de 71 ans, dans des conditions miséreuses.

4
Deux tribus s'affrontent

La Belgique organise des élections législatives pour élire les membres du Parlement à qui elle signera et remettra les documents signifiant l'Indépendance de la République démocratique du Congo. Patrice Lumumba joue un rôle crucial, mettant en avant une vision nationale du Congo, et non fédérale comme souhaité par les Belges et des Congolais opportunistes. Le MNC de Lumumba et ses alliés remportent les élections nationales avec 65 % de sièges au Parlement. L'État indépendant sera sous régime parlementaire, le Premier ministre étant le chef du gouvernement, le président n'ayant qu'un rôle symbolique. À l'occasion de la nomination du président, Lumumba convainc ses amis et alliés d'offrir ce poste à son adversaire Joseph Kasa-Vubu, car, estime-t-il, la victoire contre les colons est d'abord celle de tous les Congolais. Joseph Kasa-Vubu sera président de la République du Congo, tandis que Patrice Lumumba occupera les postes de Premier ministre et ministre de la Défense. Très rapidement, les relations avec la Belgique se crispent. Quelques jours après l'Indépendance, les soldats de la Force publique, foyer de la ségrégation raciale, se mutinent à la suite de la provocation de son commandant en chef, le général belge Émile Janssens (qui écrit sur un tableau noir devant ses troupes « avant

Indépendance = après Indépendance »). Les mutins (soldats congolais) pillent les propriétés des Européens, s'en prennent aux officiers et aux civils européens. Le gouvernement belge envoie des troupes pour protéger ses ressortissants. La révolte militaire s'éteint après le limogeage de Janssens par Lumumba et la promotion immédiate de Congolais comme officiers de la Force publique. L'ami de Lumumba, Joseph Mobutu, est nommé chef d'État-major avec le grade de colonel[4].

Le 30 juin 1960, l'Indépendance du Congo est donc proclamée, mais la formation du gouvernement Lumumba laisse des insatisfaits parmi les représentants de certaines régions, entre autres le Katanga et le Kasaï.

Moins de deux semaines plus tard, la riche province minière du Katanga proclame son indépendance et une sécession apparaît au sein du tout jeune État. Moïse Tshombé s'autoproclame président du Katanga avec l'aval tacite de la Belgique qui le soutient.

Le Sud-Kasaï, une région du centre de la République démocratique du Congo, partie du Kasaï, fera également sécession au début des années 1960 sous le nom d'État minier du Sud-Kasaï.

La région prend son indépendance dans des conditions similaires à celles du Katanga. Le 8 août 1960, l'autonomie de l'État minier est proclamée, avec pour capitale Bakwanga (de nos jours Mbuji-Mayi). Albert Kalonji est nommé président et Joseph Ngalula, chef de gouvernement[5].

Le Congo devient l'élément de fixation de la guerre froide en Afrique, où chaque bloc joue son pion. Il est dirigé par des

---

4 « Histoire de la république démocratique du Congo », *Wikipédia*, mis à jour le 09/09/2019.
5 *Id.*

autorités rivales, depuis celles de Kasa-Vubu à Léopoldville à celle de Gizenga à Stanleyville, en passant par les deux États sécessionnistes : le Katanga de Tshombé et le Sud-Kasaï de Kalonji.

Juste avant l'Indépendance, deux tribus s'affrontent, les Luba et les Lulua, toutes deux descendantes des mêmes ancêtres, qui se battent pour le droit du sol. Avec mon regard d'enfant, mon avis sur la situation : une des tribus doit partir (Luba), l'autre doit rester (Lulua)… je suis de ceux qui doivent partir ! Et ma tante devra laisser sa splendide maison à l'ONU… notre maison.

Ma grand-mère nous ayant rejoints, nous fuirons, tous ensemble, à Luluabourg (Kananga).
Aisés, nous avons pu organiser notre fuite. Un premier camion partira avec tous nos biens, mais il prendra feu. Que s'est-il passé ? Lors d'un arrêt de nuit dans le village de Kabeya Kamwanga, village de Tshisekedi, non loin de mon village des Bena-Kazadi, une cigarette s'enflamme et brûle tout un camion… Cette regrettable histoire voit aussi périr le cousin du mari de ma tante. David. C'est lui qui, tous les soirs, a l'habitude de nous raconter des histoires, comme un rituel. Il a cette magie, cette faculté de créer une atmosphère spéciale qui nous plonge dans un monde unique.

J'ai reproduit cette habitude avec chacun de mes enfants jusqu'à leurs 8 ans. J'ai pris plaisir à leur raconter et leur répéter les histoires de mon enfance. Je viens d'un endroit où il y a beaucoup de choses à raconter… Je n'ai jamais été à court d'imagination !

Il faut donc réorganiser le départ. C'est un choc pour nous, pour les adultes. Le camion qui a brûlé, c'est certainement celui-là qui aurait dû revenir nous chercher.

Nous arrivons dans un village où toute la famille est entassée dans une salle de classe.

À ce moment-là, je n'ai pas de jugement sur la situation, je suis et j'écoute !

En avril 1961, à Miabi, les chefs coutumiers des Baluba, dans leur ensemble, décident, en guise d'appui à son action, de conférer, si pas tous les pouvoirs, mais une partie de leurs pouvoirs ancestraux à Albert Kalonji. À cette occasion, ils le vêtissent d'une peau de léopard et d'une hachette, symbole du pouvoir absolu, celui qu'ils introniseront Mulopwe Ditunga, c'est-à-dire au-dessus de tous. Ditunga parce qu'il incarne désormais tout le pays Luba. Cet événement, il faut le rappeler, a eu comme conséquence la mutation de l'État autonome du Sud-Kasaï en Royaume fédéré du Sud-Kasaï[6].

À cet instant, chez moi, nous sommes désormais tous au même niveau, sur un même pied d'égalité. Il n'y a plus de classes sociales différentes.

Notre préoccupation première, c'est de pouvoir se nourrir. Nous ne serons jamais affamés, nous mangerons toujours à notre faim.

Cependant, le village dans lequel nous nous sommes arrêtés n'est pas un produit du hasard. Il n'y a jamais de hasard dans la vie ! C'est le village de ma grand-mère, Cibombo, situé en plein Kasaï-Oriental.

Cibombo sera le lieu d'une autre belle surprise des années plus tard. Un hasard également qui n'en est pas, une coïncidence peut-être ! Ma rencontre avec Jean-Denis Lejeune qui,

---

6 « Proclamation officielle ce matin de la mort d'Albert Kalonji Ditunga », *Le Phare* (www.lephareonline.net), 29/05/2015.

grâce à son asbl Objectif-Ô, a financé une citerne d'eau de pluie de 63 m³, construite durant l'année 2012 sur le terrain du Centre de développement d'IPAMEC à Cibombo. Ce centre est devenu le seul lieu avec de l'eau potable. La seule alternative étant d'aller puiser l'eau à la rivière Nzaba distante de 3,5 kilomètres du centre de Cibombo. La Terre est ronde, l'univers, infini, et le monde est finalement très petit. Je lui en serai toujours reconnaissant.

À Cibombo, on reconnaît la fille du chef ! Le pouvoir coutumier est d'une telle importance qu'il entre souvent en palabre avec le pouvoir civil. C'est ainsi qu'on ne peut traiter de la question de propriété foncière sans négocier avec les chefs de terres.

De ce fait, on nous facilite un peu la vie. On nous construit des maisons en terre battue avec des toits en paille. Une pour ma tante, son mari et leurs enfants. Une pour ma grand-mère, Pascal et moi.

Je recommence ma sixième primaire, dans une école catholique, car l'école laïque du village a été réquisitionnée pour y placer les bureaux des services publics. Elle est à quelques kilomètres... plus de 5 kilomètres aller-retour, je dirais. Les classes sont surpeuplées. Mon niveau scolaire restera excellent.

Pour la fin de l'année, lors de la proclamation des résultats, nous avons préparé un spectacle, une pièce de théâtre s'inspirant de la comptine « En revenant de la jolie Rochelle ».

« M'en revenant de la jolie Rochelle
J'ai rencontré trois jolies demoiselles.
C'est l'aviron qui nous mène, qui nous mène
C'est l'aviron qui nous mène en haut.
J'ai rencontré trois jolies demoiselles
J'ai point choisi, mais j'ai pris la plus belle... »

Je me suis déguisé en fille, car aucune d'elles n'a souhaité jouer ce rôle. Toute l'assemblée et mes camarades ont bien ri… je m'en souviens encore.

Je joue toujours au football, je mange, je vis sans me soucier de la situation et sans vraiment m'alarmer.

Je n'ai pas de nouvelles de mes parents. Ils doivent certainement s'inquiéter.

Mon père ne peut pas venir nous rejoindre, il est *persona non grata* ; en conflit direct avec Albert Kalonji. Il considère que ce dernier n'est pas un vrai chef. Ce titre est davantage usurpé que reçu. Pour rappel, Albert Kalonji a été désigné chef de tous les Balubas et il se fait appeler le « Mulopwe », l'« Empereur ».

Mon père s'est installé à Bujumbura, capitale économique du Burundi, au bord du lac Tanganyika, deux ans avant l'Indépendance.

Des groupes de jeunes partisans se sont formés un peu partout. Mon père est lumumbiste, il ne s'en cache pas et le revendique même haut et fort.

Le Parti lumumbiste unifié est un parti politique de la République démocratique du Congo. Le parti a été créé en 1964, inspiré par les idées de gauche de Patrice Lumumba[7].

Patrice Lumumba définira dans un grand discours-programme les objectifs du « Mouvement national congolais » (MNC), qui a pour but, écrira-t-il :

« La libération du peuple congolais du régime colonialiste et son accession à l'indépendance […] Nous voulons dire adieu

---

7 « Parti lumumbiste unifié », *Wikipédia*, mis à jour le 13/07/2019.

à l'ancien régime, ce régime d'assujettissement qui prive les nationaux de la jouissance des droits politiques reconnus à toute personne humaine et à tout citoyen libre [...] Le peuple congolais a droit à son indépendance au même titre que les autres peuples du globe [...] À nos compatriotes de se joindre à nous afin de servir plus efficacement la cause nationale et de réaliser la volonté d'un peuple qui veut se libérer des chaînes du paternalisme et du colonialisme[8]. »

C'est à ce titre de « lumumbiste » que mon père se fera agresser et laisser pour mort dans un caniveau. Heureusement, ancien militaire, il a pu se défendre et feindre ses attaquants pro-Kalonji. Cela n'a fait que renforcer sa colère contre le système. D'ailleurs, pour la petite anecdote, son frère, également un pro-Lumumba, a dû fuir le Katanga en femme !

Son frère n'est autre que l'écrivain Joseph-Albert Kompany wa Kompany. Il travaille comme correspondant à *L'écho du Katanga* qu'il a quitté en 1959 pour rejoindre le Mouvement national congolais de Patrice Lumumba. Il a également travaillé comme correspondant dans le quotidien *L'essor du Congo* à Kinshasa. Il décide de se consacrer entièrement à la littérature à la suite d'un problème de surdité qui l'atteint dans les années 1970, provoqué par les brutalités subies à la suite de la parution au Congo de son livre *L'ogre-empereur*. Il devient également membre actif de l'Union des écrivains zaïrois (UEZA). Rédacteur en chef de la revue *Culture et Authenticité*, puis directeur des éditions Lokolé, il sera obligé de quitter le Congo en 1993 pour se réfugier en Belgique, à Liège, à cause de ses œuvres souvent critiques envers le régime de Mobutu.

Ma mère est toujours à Bukavu. Le Congo est sens dessus dessous. Chaque parent rêve et espère que ses enfants soient en paix là où ils se trouvent. Nul n'est sûr de ce qui va se passer.

8   « La Belgique et l'indépendance du Congo », sur www.vivreenbelgique.be.

J'ai vécu toute cette période avec beaucoup de recul, dans une forme d'insouciance, de détachement total. Ma famille y est pour beaucoup. On ne passe pas notre temps à s'apitoyer sur notre sort. C'est comme ça !

Mes parents ont toujours transcendé le négatif en positif. Un choix conscient, qu'ils exercent dans chacune des actions qu'ils accomplissent. Tout le monde se débrouille. La vie continue… Nous avons toujours été des privilégiés, quelle que soit notre situation. La pensée positive…

Mon rapport aux biens matériels et à l'argent s'est certainement forgé à cet instant. Je n'ai pas la même relation à l'argent que beaucoup de gens. Je n'y suis pas attaché et il en a toujours été ainsi. « Si les gens veulent s'attacher à l'argent, c'est leur problème. Mais en y accordant trop d'importance, ils risquent d'attraper un vice, une soumission[9]. »

Presque tous les hommes de ma famille ont été, un jour, millionnaires, pour, le lendemain, tout perdre. Ils se sont relevés… Les femmes de la famille, ce sont elles les vraies entrepreneures, des femmes d'affaires impitoyables qui ont rentabilisé et brassé beaucoup d'argent. Des femmes exceptionnelles. Celles qui ont fait que chaque homme s'élève et capitalise son avoir. C'est certainement dans le sang, car ma fille est la même…

Une fois la sécession du Sud-Kasaï décrétée, Albert Kalonji entreprend la mise en place hâtive d'une « armée ». Avec les moyens de bord. L'instruction militaire se limita parfois aux chansons incitant les Baluba à se défendre contre les troupes de Lumumba qui viennent pour envahir le Kasaï et ainsi les massacrer. Les Baluba sont appelés dans ces chansons à s'armer de bambous pointus et, grâce à leur bravoure, à se saisir des soldats

---

9 Arnaud Martin, « Pierre Kompany : "Je ne suis pas attaché à l'argent" », *L'Écho* (www.lecho.be), 18/01/2019.

de Lumumba par la force des bras ! Un cas d'inconscience suicidaire. Le conflit entre Lumumba et Kalonji est à son paroxysme. Pendant cette période, le colonel Mobutu annonce qu'il va débarquer au Sud-Kasaï. Kalonji lui fait dire que, s'il met les pieds au Sud-Kasaï, il sera mis aux arrêts… Mobutu prendra les militaires de la garnison de Luluabourg. Les colonnes de l'ANC (Armée nationale congolaise) font, ainsi, leur entrée dans Bakwanga. Le colonel Mobutu dira plus tard que c'est sur ordre de Lumumba qu'il a ordonné cette expédition, à l'origine de milliers de victimes. Ce contre quoi Lumumba se défendra. Mais Mobutu n'a jamais montré un ordre écrit reçu de Patrice Émery Lumumba ou du président Kasa-Vubu. Plus tard, Mobutu lui-même dira que, sans confiance en la parole des politiciens et en tant que militaire, il lui est arrivé de prendre seul des décisions et de s'affranchir du pouvoir politique. Mais les victimes de cette macabre odyssée sont mises sur le dos de Patrice Lumumba. Ce qui attise encore la haine des Baluba contre le Premier ministre[10].

À Cibombo, on voit passer des camions de l'Armée nationale congolaise se dirigeant vers la capitale de Bakwanga (pour rappel, officiellement sous le nom de Mbuji-Mayi dès 1963). Cibombo est, à l'origine, une simple plaine à 10 kilomètres à l'ouest de la ville de Mbuji-Mayi. Elle est située en bordure nord de la route qui relie les chefs-lieux des deux Kasaï (Mbuji-Mayi et Kananga).

On entendra les coups de canon, la scène est très proche de nous…

On doit fuir. Encore. À travers la forêt, la brousse. Des kilomètres…

On emporte le strict minimum, un petit baluchon avec quelques-unes de nos affaires.

10 « Sud-Kasaï. Les événements de Kasengelu », sur www.mbokamosika.com, 06/09/2013.

Nous nous arrêtons dans un village voisin, dont les chefs sont les cousins de ma grand-mère. On y restera cachés en attendant la fin.

Au moment des faits, Albert Kalonji est le maître incontesté du Sud-Kasaï. Il n'y a aucun leader luba qui s'oppose à lui. Il s'agit donc d'un affrontement entre l'Armée nationale congolaise et les partisans de Kalonji.

Mobutu Sese Seko a dit avoir agi sur ordre de Lumumba, alors qu'il affirmera le contraire plus tard… En réalité, il en profite pour régler ses comptes avec ses ennemis politiques, dont Kalonji[11].

La peur est palpable… Je suis effrayé. Mais je ne réalise pas vraiment…

Cet affrontement durera quelques jours, quelques semaines… je n'ai plus la notion du temps. Ce que je sais, c'est que cette guerre durera moins longtemps que celle du Katanga.

Pour rappel, Moïse Tshombé proclame l'indépendance du Katanga avec l'appui de la puissante Union minière du Haut-Katanga (UMHK) et demande l'aide militaire et logistique belge. En prenant le prétexte de la protection de ses nombreux ressortissants présents dans la province, la Belgique reconcentre des troupes au Katanga. Les sécessionnistes bénéficient également du soutien des réseaux de Jacques Foccart, le « Monsieur Afrique » de l'Élysée. Le nouvel État émet alors sa monnaie et crée sa police.

Cependant, l'État du Katanga ne sera jamais reconnu par l'ONU, d'une part, parce que les deux superpuissances de l'époque, États-Unis et URSS, affichent toutes deux des

---

11 *Id.*

positions fermement anticoloniales, et, d'autre part, parce que, même si les États-Unis et les autres États occidentaux ont proposé de reconnaître le Katanga, le bloc de l'Est y est farouchement opposé. Allant plus loin encore, le Conseil de sécurité des Nations unies répond à l'appel du Premier ministre congolais, Patrice Lumumba, et demande le retrait des Belges.

La marge de manœuvre de l'ancienne puissance coloniale se réduit alors progressivement et, bien que le nouvel État du Katanga garde de nombreux cadres techniques et conseillers belges, il doit très tôt renforcer sa Gendarmerie katangaise en faisant appel à des mercenaires, les célèbres Affreux, parmi lesquels on compte notamment Jean Schramme ou Bob Denard.

Les forces de l'ONU remplacent alors progressivement les troupes belges, mais n'interviennent pas directement. Dès lors, Patrice Lumumba se tourne ouvertement vers les Soviétiques, suivant en cela l'exemple de Fidel Castro. Je reste cependant convaincu, à titre personnel, que « comparaison, n'est pas raison ».

Le 21 février 1961, le Conseil de sécurité de l'ONU décide d'envoyer des Casques bleus afin de « rétablir l'ordre au Congo ». À la fin de l'année, l'armée gouvernementale congolaise et les troupes de l'ONU lancent une attaque militaire contre les troupes de Tshombé. En décembre 1962, les forces de l'ONU prennent le contrôle d'Élisabethville et Moïse Tshombé est obligé de prendre la fuite pour se réfugier à Kolwezi. Le 15 janvier 1963, il finit par se rendre et obtient l'amnistie pour lui-même et ses partisans. En janvier 1964, ce même Tshombé deviendra Premier ministre d'un Congo unifié[12] !

Ces guerres ont toutes deux été criminelles, à la source d'un carnage sans pareil. Des milliers de civils sont massacrés. La

12 « État du Katanga », *Wikipédia*, mis à jour le 03/05/2019.

débandade qui s'ensuit a eu comme résultat des montagnes de cadavres par centaines !

Le temps passe, nous restons cachés dans ce village, mais je n'ai plus la notion du temps… quelques jours, quelques semaines sont-ils passés ?

La situation s'apaise et nous revenons dans le village de ma grand-mère.

Je dois me préparer à rentrer à l'école secondaire. J'ai par chance de la famille à Bakwanga. Mon cousin Léon et moi-même, nous y serons envoyés, mais séparés. Deux enfants à charge, c'est trop compliqué. Pascal, lui, rentre en sixième primaire et reste au village.

Léon ira chez le frère de David, l'admirable conteur d'histoires décédé dans l'incendie du camion transportant nos affaires quand nous avons fui Luluabourg. Son frère est un abbé connu et reconnu dans la région.

Moi, j'irai chez ma cousine Gertrude Kabamba, la sœur de Pierre Tshimanga Kabamba, professeur et ingénieur de renom à l'université du Michigan au département « Aerospace Engineering » qui a épousé Joséphine Kasa-Vubu, la fille cadette du premier président de la RDC, Joseph Kasa-Vubu, par ailleurs proclamée meilleure pédiatre de l'année 2018 au Michigan.

Ma cousine est l'une des premières femmes parties du Katanga vers le Kasaï comme volontaire militaire pour défendre les siens. Au sein de ma famille, la femme n'est pas marginalisée, mais plutôt impliquée dans tous les domaines possibles de la vie, et ce, même à cette époque où la femme est considérée comme un être faible. Elle vit encore et habite actuellement à Kinshasa.

Son mari, Kamil Ngoyi, quant à lui, est l'un des premiers intellectuels et universitaires congolais ayant fait ses études à l'Université officielle du Congo (UOC) à Lubumbashi. Il est ministre de l'Éducation. Faire des études, c'est vraiment le point central de l'éducation, s'assurer un avenir dans un monde incertain, sans aucune discrimination ; autant les filles que les garçons ont eu accès à l'enseignement.

Je commence ma première année secondaire à l'école officielle de l'État à Bakwanga. Je n'y resterai qu'un an.

Mon oncle, Albert Kankolongo, qui est le chef de cabinet de Kalonji, organise un coup d'État dans la nuit du 29 au 30 septembre 1962, à Bakwanga, contre le régime kalonjiste. Pendant des nuits entières, ce sont les rafales de balles et les coups de canon qui vont retentir dans ma tête… Tous, nous nous réfugions à son domicile, couchés à même le sol pour éviter les débris, les éclats de verre et autres… La population aux alentours doit être rapidement informée de la situation et le moyen de communication utilisé est la radio. Ce sera le jeune frère de mon père, présent au moment du coup d'État, qui réquisitionnera la radio avec plusieurs militaires et gérera techniquement la transmission des informations. Kalonji est obligé de se soumettre aux autorités du gouvernement central et, légalement, l'autonomie du Sud-Kasaï cesse le 2 octobre 1962. Soit deux jours après le coup d'État, deux jours qui m'ont paru interminables… Je tiens néanmoins à souligner qu'aujourd'hui règne une bonne entente entre les descendants de Kalonji et moi-même.

À cet instant, Kinshasa est l'endroit où l'on est le plus en sécurité, et je dois m'y rendre.

Pendant tout ce temps, je n'ai pas de nouvelles de mes parents. Ils savent où je suis et la situation que je vis. Leur seule préoccupation, c'est que je sois à l'abri. On doit sauver les enfants ! Nous devons continuer notre éducation. Tout le monde fuit vers Kinshasa.

Pascal sera pris en charge par un médecin, un vieux Blanc, qui reconnaîtra son nom de famille « Kompany », lors d'une simple visite médicale pour un vaccin, c'est un ami de mon père.

Je recommence mes études à l'athénée royal de Kalina, devenu par la suite l'athénée de La Gombe. Je logerai à nouveau chez ma cousine Gertrude, partie avant moi, qui habite non loin de l'école, dans un quartier luxueux. Je n'y resterai pas longtemps, ils ont préféré m'inscrire à l'internat de la Croix-Rouge juste à côté de l'établissement scolaire, évitant de ce fait les va-et-vient. Cela leur permet également d'accueillir d'autres membres de la famille qui en ont besoin et qui arrivent à Kinshasa.

Finalement, mon oncle Joseph-Albert Kompany wa Kompany, qui travaille comme correspondant dans le quotidien *L'essor du Congo* à Kinshasa, me prend sous son aile, et je pars vivre chez lui.

5
Les poètes de « la main noire »

On pourrait s'imaginer que je suis malheureux de passer d'un endroit à un autre, sans jamais vraiment déposer mes valises, mais, en réalité, je suis un privilégié. Une des caractéristiques de la famille africaine, c'est son extension. Sa dimension réelle va au-delà de la famille proprement dite, elle se vit au sens large : elle comprend les parents, les grands-parents, les oncles, les tantes, les cousins, les cousines. On se sent tous solidaires. Nous sommes du même sang, de la même cognation.

Dans le chaos qui m'entoure, ma vie est structurée. J'échappe de situation en situation, et ce, toujours dans les meilleures conditions, bien traité et choyé. Il y a bien pire !

Ce n'est pas de la chance, non, la caractéristique familiale la plus fondamentale est le sens de la fraternité qui protège chaque membre. On s'épaule les uns et les autres dans la joie comme dans le malheur. Nous entretenons ce sentiment fort que l'union fait la force. On en a l'envie et les moyens.

Pour ma part, je reste concentré sur mes études et je suis toujours un élève modèle et très studieux. Je suis « président » des élèves pendant presque tout mon *cursus*. En cinquième secondaire, nous avons créé le groupe des poètes de « la main noire ». Nous sommes cinq comme les cinq doigts de la main. Chacun écrit des poèmes. J'en ai même fait un petit carnet. J'ai plus tard publié deux de mes odes dans un petit livret qui a été distribué, mais je ne sais plus où. Personne n'a su le nom de leur auteur. Les cours de littérature sont très poussés. Ceux de ma génération ont reçu une très bonne formation et savent manipuler parfaitement la langue française. Je suis l'un des premiers étudiants à avoir « inauguré » les examens d'État qui ont été imposés à toute l'étendue du pays. Les tests de fin de cycle secondaire. Bien que je sois parmi les meilleurs, il y a une question, pour moi très simple, à laquelle je n'ai pas su répondre, ça me « hante » encore… Je l'ai loupée et c'est resté gravé. Le sujet ? Le théorème de Monge…

Les relations entre les filles et les garçons sont platoniques. Je peux avoir une amie préférée. Je pose alors sur papiers des mots que je lui dédicace. C'est très fleur bleue. Le temps passe et se ressemble. Ma vie est banale. Je vais à l'école, je reviens directement à la fin des cours, je vais jouer au foot. Je prends ma douche avant le repas. Je lis et j'étudie tous les jours. La famille, les études, le football… Une vie façonnée de règles. Mais on ne me l'impose pas, c'est mon caractère.

Mon frère Pascal, lui, s'écarte plus du chemin, il aime parfois la bagarre. C'est le « protecteur du quartier ». À l'école, ce n'est pas accepté, surtout que son grand frère est un « exemple », chef de classe, studieux et calme. Il se fera renvoyer de l'école avec 75 % de moyenne. La famille se réunit pour décider de son cas. Il fait le « dur » et, donc, on va l'envoyer chez « les durs ». Une école professionnelle tenue par un curé réputé pour sa sévérité. Tous les matins, il fait venir les « caïds » à 7 heures, une heure avant le début des cours. Ils doivent concasser les pierres au marteau pour en faire des gravillons pour ceux qui travaillent en maçonnerie. Pourtant, il y a des concasseurs… Il sera brillant. Ses résultats seront excellents.

La famille décide de ne pas l'envoyer travailler, mais bien qu'il continue ses études. Mon père décidera de l'inscrire à Don Bosco, à Tournai, en Belgique, « section électricité », en internat. Nos chemins se séparent. Ensuite il poursuivra ses études à Mons avec une bourse d'études et terminera à l'ISIB à Bruxelles. Il fera partie de la première promotion suivant des études d'ingénieur industriel. Quand il termine ses études, il est très demandé par plusieurs entreprises en Belgique, mais il préfère rentrer au pays. Il fait des allers-retours pour acheter des machines, mais son centre d'activités est au Congo. Pascal, c'est aussi le parrain de ma fille Christel.

Mon père est rentré au Congo après l'Indépendance, à la suite de son agression où il fut laissé pour mort dans un caniveau. Il est retourné à Bukavu. Ma maman y est toujours. Elle n'a jamais bougé. De temps en temps, je reçois une lettre.

Kinshasa sera la ville de mon enfance, là où j'ai grandi.

Quelques mois avant le coup d'État de Mobutu, je me souviens avoir participé au Défilé du 30 juin. Chaque école est représentée et j'ouvre la marche pour l'école de Kanina (Gombe). Je suis le dernier à avoir porté le drapeau du Congo devant le chef d'État Kasa-Vubu. Je suis responsable de ce « drapeau ». Tout un symbole.

1965, le coup d'État de Mobutu. Je suis en cinquième secondaire.

Il n'en est pas à son premier coup… Le premier coup d'État de Mobutu a lieu en 1960 dans le contexte de la crise congolaise. Il profite du désaccord entre les différents hommes politiques et du fait d'être l'un des seuls lumumbistes à avoir une quelconque expérience militaire pour évoluer très rapidement dans la hiérarchie militaire. C'est ainsi en tant que chef d'état-major, et sous l'influence de l'ambassadeur de Belgique, qu'il fait arrêter et assigner à résidence Lumumba en 1960. Ce premier coup d'État le 14 septembre 1960 comptera beaucoup dans les relations entre les Belges et Mobutu. Il met en place un gouvernement temporaire, le Collège des commissaires généraux. Devant les caméras, il accuse ensuite Lumumba de sympathie procommuniste pour s'attirer le soutien des États-Unis. Lumumba tente de s'enfuir à Stanleyville, mais est rattrapé en chemin par les soldats. Mobutu le fait mettre en prison, où il est maltraité et torturé. Il est ensuite envoyé au Katanga de Moïse Tshombé, où il est assassiné le 17 janvier 1961, son corps perdu « en brousse » selon les documents officiels. Sous la direction de Pierre Mulele, des rebelles partisans de Lumumba partent en guerre contre Mobutu. Ils occupent rapidement deux tiers du Congo, mais avec l'aide des États-Unis, Mobutu parvient à reconquérir l'ensemble du territoire. Cette « victoire », qui n'aurait pas été possible sans l'aide occidentale, est habilement mise à profit en interne par un Mobutu se parant de la vertu de pacificateur, d'unificateur du territoire. Il fait ainsi reposer son pouvoir sur deux piliers : à l'extérieur, le contexte de la guerre froide et, à l'intérieur, la stabilité. Un autre moyen d'affermir son pouvoir est la prise de contrôle du pouvoir politique, dont le résultat est la répression d'une partie des citoyens congolais.

Il est intéressant de revenir sur le parcours de cet homme, ce dictateur qui a gouverné la RDC de 1965 à 1997.

Joseph-Désiré Mobutu est né à Lisala en 1930. Son père, Albéric Gbemani, cuisinier pour un magistrat colonial, meurt alors qu'il n'a que 8 ans. Élevé par son grand-père et un oncle, il poursuit ses études dans une école catholique. À l'âge de

20 ans, il s'enrôle dans la Force publique à Luluabourg. Il y obtient le brevet de secrétaire-comptable, avant d'être affecté à l'état-major de Léopoldville, en 1953.

À 25 ans, il se marie avec Marie-Antoinette Gbiatibwa Yetene, âgée de 14 ans et avec qui il aura par la suite huit enfants.

Après son passage dans l'armée, dont il sort sous-officier, il devient journaliste pour le quotidien libéral de Léopoldville, *L'Avenir*. En 1957, grâce à l'un de ses mentors, le journaliste Antoine-Roger Bolamba, il rencontre Patrice Lumumba. Il voyage pour la première fois en Europe lors d'un congrès de presse à Bruxelles, où il reste quelque temps pour suivre une formation d'assistant social.

Au même moment, les représentants du Mouvement national congolais (MNC), menés par Patrice Lumumba, négocient l'indépendance de la colonie. Lorsqu'ils arrivent à Bruxelles pour la tenue d'une table ronde, Mobutu se joint à eux avec Antoine Kiwewa et devient membre du MNC. On est en janvier-février 1960. C'est à cette occasion qu'il est repéré par un officier de la CIA et futur chef d'antenne de la CIA au Congo avec lequel il établit de bonnes relations[13]…

Au départ, on a l'impression que tout est bien parti… ce coup d'État est acclamé et accepté de tous, Kasa-Vubu l'en remercie, Tshombé en est ravi, les syndicats soutiennent le nouveau pouvoir, de même que les organisations estudiantines. La population tant congolaise qu'étrangère applaudit l'action. À l'étranger, la Belgique et les États-Unis sont les premiers à reconnaître le nouveau président.

---

13 « Mobutu Sese Seko », *Wikipédia*, mis à jour le 28/09/2019.

Certains jeunes sont sceptiques et j'en fais partie. Je me pose beaucoup de questions sur le régime mis en place et les méthodes utilisées. Tout ce que j'ai déjà vécu et vu. Une famille investie. Des proches engagés. Ça laisse des traces. Et je ne peux pas me sentir autrement que concerné et, petit à petit, imprégné.

Le 2 juin 1966, la population peut mesurer toute la détermination de Mobutu qui fait pendre sur la place publique quatre anciens ministres accusés, à tort, de complot. Ce jour-là, la population cesse d'acclamer Mobutu, tout le monde a peur. Son deuxième coup d'État n'est passé que de six mois !

6
Lovanium

En 1967-1968, je rentre à l'université Lovanium. Située sur la colline du Mont-Amba, elle est surnommée le « Mont des intellectuels ». Liée à l'Université catholique de Louvain (UCLouvain), elle est restée attachée à celle-ci jusqu'à son intégration dans l'Université nationale du Zaïre en 1971-1972, l'actuelle université de Kinshasa.

Peu avant l'Indépendance du Congo, Lovanium s'est détachée un peu plus de l'UCLouvain en devenant juridiquement indépendante, même si cette dernière a continué d'apporter son aide financière et matérielle. Certains de mes professeurs partagent en effet leur temps entre Louvain et Lovanium.

Un autre établissement est ouvert à Élisabethville (Lubumbashi) sous l'appellation d'Université officielle du Congo (UOC), sous l'impulsion des libéraux belges. Ces derniers veulent briser le quasi-monopole de l'Église catholique dans l'enseignement à tous les niveaux. L'Église protestante crée, elle aussi, son université à Stanleyville (Kisangani), l'Université libre du Congo (ULC).

Je suis en section propédeutique, année spécialisée pour préparer les élèves à rentrer en polytechnique et faciliter leur apprentissage.

Je loge sur le campus, au Home 30. On a tout. Notre chambre, nos terrains de foot, nos piscines, nos foyers d'étudiants. Une vie estudiantine animée... Je ne suis pas un « guindailleur », je préfère les boums ! On y va souvent avec mes cousins et cousines. J'ai beaucoup d'amis et surtout amies. Je suis très souvent entouré par la gent féminine, ça se confirme encore aujourd'hui. Je ne suis pas un coureur de jupons ni un dragueur. Certes, je suis jeune et beau, mais je ne suis engagé dans aucune relation amoureuse sérieuse. J'ai dû en décevoir certaines... mais je suis très concentré sur mes études.

Je suis plus souvent en contact avec ma famille, par courrier postal avec mon père, ma mère, mon frère Pascal et d'autres membres de la famille. Je reçois de l'aide financière de mon père, des sommes d'argent assez importantes mais que je donnerai à mes oncles et tantes. Je n'en ai pas besoin, je préfère partager. Mon père a toujours été très généreux, ça doit être héréditaire. Je vais rejoindre ma grand-mère dès que je le peux, pendant les vacances, à Bandale, commune du centre de Kinshasa.

Je réussis brillamment ma première année en propédeutique et passe en première candidature, section ingénieur civil. On est en 1968-1969.

Pendant que les hommes politiques, incapables de s'entendre, se débattent dans une crise politique interminable (depuis septembre 1960), les étudiants se réunissent, se regroupent et réfléchissent ensemble pour jeter les bases d'une organisation estudiantine capable d'éveiller chez les étudiants congolais une conscience nationale et un sens élevé des responsabilités. Je fais partie de ces groupes de discussions où la politique est au centre des débats. Face à la répression continuelle et au durcissement du régime politique qui n'accepte aucune opposition, la volonté de liberté d'expression se fait de plus en plus sentir. Nous sommes contre toutes les formes d'injustice, nous voulons que les choses changent... Je veux que ça change !

Le régime politique se repose sur un parti unique, le Mouvement populaire de la révolution (MPR) et sur l'influence exercée par le président fondateur Mobutu, qui proclame : « Il n'y a dès lors pas d'interprète plus avisé que moi pour saisir la véritable portée de la doctrine qui se trouve être précisément le mobutisme, c'est-à-dire mes idées, mes enseignements et mon action[14]. »

Le 4 juin 1969 restera à jamais une date sombre dans l'histoire de l'enseignement universitaire au Congo.

Les étudiants de Kinshasa dont je fais partie (cela comprend les étudiants de l'université de Lovanium, de l'École Nationale d'Administration, de l'École normale moyenne, de l'Institut pédagogique national...) décident d'organiser une manifestation pacifique, une marche solidaire. Nous réclamons du gouvernement de meilleures conditions estudiantines. Nous ne sommes malheureusement pas tous des privilégiés, la plupart des étudiants étant issus des couches sociales modestes, vivant dans la précarité, alors qu'à l'ombre du pouvoir, une oligarchie étale un luxe insolent. Nous protestons contre l'orientation politique de plus en plus totalitaire et antidémocratique du régime. Nos revendications se résument également à une décolonisation de l'université catholique Lovanium par

14 « Le mouvement étudiant au Zaïre », *Refworld* (www.refworld.com), 01/12/1990.

rapport à la métropole belge, une africanisation des cadres, une adaptation des contenus d'enseignement, une cogestion avec les représentants des étudiants...

L'organisation se fait dans le plus grand des secrets. Nous nous réunissions la nuit, dans la Cité, pour ne pas éveiller les soupçons. Certains sont des « étudiants mouchards », des agents secrets du régime qui infestent le milieu estudiantin pour que le pouvoir ne soit pas pris au dépourvu. Certains d'entre eux sont de l'ethnie Ngbandi, comme celle de Mobutu, et qui forment la jeunesse du Parti unique, des indicateurs... On doit être très vigilants.

Tout a commencé la veille, le mardi 3 juin. Pendant la journée, les concertations se multiplient sur le campus au sein du comité de crise de l'Association générale des étudiants de l'université Lovanium (AGEL), dirigée par François Kandolo, le président, avec qui je suis par hasard dans le bus au retour de la dernière réunion. Dans la nuit même, nous nous réunissons pour discuter de la stratégie. Je serai responsable, avec deux amis, du Home 30. Vers 3 heures du matin, nous commençons à réveiller tous les étudiants du Home, lit par lit. Je leur murmure à l'oreille : « C'est le jour J, c'est l'heure » ; tous savent de quoi il retourne, ils sont contents et ils sont prêts. La consigne est de prendre avec nous plusieurs mouchoirs imbibés d'eau pour se tamponner les yeux et adoucir les brûlures des gaz lacrymogènes qui nous seront lancés à coup sûr... nous n'avons jamais imaginé devoir faire face à des balles réelles.

Vers 5 heures du matin, nous nous mettons en route, tous les étudiants, en colonne, prennent place à bord des camions de l'université, réquisitionnés avec chauffeur par l'AGEL. Mes camarades et moi-même devons être certains que tout le monde soit bien parti et qu'il ne reste personne sur le campus. Nous fermons en quelque sorte la « marche ». Nous sommes restés les derniers sur le campus pour nous en assurer. En descendant le Mont-Amba, en bus, pour pouvoir les rejoindre plus rapidement, nous entendons au loin le crépitement des fusils. Des militaires les attendent au rond-point Ngaba. Ils somment les chauffeurs de faire marche arrière. Bravant l'ordre, ils descendent des véhicules et ils marchent par voies raccourcies vers le rond-point Victoire...

Nous arrivons non loin du rond-point Ngaba, où l'on voit une masse énorme d'étudiants bloquée par l'armée. Nous prenons immédiatement la tangente, la route des poids lourds. Nous voulons rejoindre l'un des points de ralliement près du port de Kinshasa. Je suis dans l'organisation et donc bien au courant des différents points stratégiques.

Au rond-point Gillon (Ngaba), au croisement Kapela-Université, au rond-point Tribune africaine (Bongolo), à la place Victoire, devant la Grand-Poste et à la gare Centrale, les militaires ont déjà pris position et se mettent à arroser les manifestants de balles réelles, en utilisant à la fois des grenades offensives et des armes lourdes sans sommation. Les étudiants commencent à ramper pour essayer d'échapper au carnage. Nous comptons sur l'adhésion populaire pour faire boule de neige et déstabiliser le régime, mais, à aucun moment, cette population n'a été associée aux revendications des étudiants. De plus, une armada surarmée s'est déployée à travers toute la ville.

Dans le bus, nous pouvons nous faire passer pour des ouvriers, car il est réellement utilisé par des employés de Lovanium. Tout a été calculé au cas où... C'est ce que nous affirmons lorsque nous sommes arrêtés. Nous restons calmes, du moins nous essayons de garder notre sang-froid. Ils n'ont pas tiré, certains ont reçu des coups de crosse... Nous nous sommes tous dispersés.

Le nombre des victimes n'a pas pu être déterminé avec exactitude. Alors que la presse officielle parle de six tués et de douze blessés, un relevé établi auprès des hôpitaux laisse apparaître treize victimes identifiées au soir du 4 juin, dont les dépouilles mortelles n'ont jamais été rendues aux familles. Les raisons de cette imprécision sont dues au sort réservé aux morts. Les corps, vivants ou morts, ont été enlevés par les militaires et placés dans les morgues, pour qu'il n'y ait pas de traces ; ces dernières sont interdites de visite.

Pour ceux qui se demanderont comment je peux affirmer ce fait, c'est simple. À Lubumbashi, j'ai revu un ami, Phillipe Matendi, étudiant à Lovanium comme moi et qui a également vécu ce moment douloureux. Lui, faisant partie des victimes. Le souvenir qu'il en a gardé, c'est une cicatrice sur tout son thorax. Touché par une balle, blessé, il a eu la chance d'être recueilli et caché par une famille habitant sur les lieux avant d'être emmené quelques jours après à l'hôpital. Il m'a raconté ce qu'il a vécu et surtout vu de ses propres yeux. Il a failli y passer. Je n'en ai jamais douté…

Le régime est tellement puissant que les familles n'ont pas osé demander de voir le corps de leur enfant. Ces jeunes sont morts pour la défense de nos droits, pour un idéal de liberté. J'aurais pu être de ceux-là…

Évidemment, mon récit se construit à partir de mes propres visions et émotions, qui se réveillent en moi au rappel de ces moments intenses. Si ce n'est pas authentique dans l'énoncé, ça l'est très clairement dans le contenu. Des moments d'une intensité si forte, j'en ai vécu quelques-uns dans ma vie.

Une chasse à l'étudiant est organisée à travers la ville. Traque des fuyards.

Lors de ma fuite, je remonte le long du fleuve pour arriver chez ma cousine, celle qui m'a déjà accueilli à Bakwanga. Toujours la même. J'y reste caché quelques jours.

Les étudiants appréhendés sont conduits au cachot du camp Kokolo et puis à celui du Parquet de Kalamu, avant d'être transférés à la prison de Ndolo. Sur les conditions de détention, voici ce que déclare Kandolo, président de l'AGEL : « Après mon arrestation, j'ai été mis dans un cachot à côté de celui d'Angwalima. Un matin, on viendra nous chercher pour le cachot de Kalamu. C'est là que je recevrai les premiers soins de mes blessures. Dans ce cachot de Kalamu, nous y serons, filles et garçons, ensemble et ferons nos besoins dedans… À Ndolo, nous serons placés dans la cellule des prisonniers politiques[15]. »

Les interrogatoires se font debout, des jours et des nuits. Seuls trente-cinq étudiants comparaissent devant le tribunal. Les chefs d'accusation avancés contre eux se résument à l'atteinte à la sûreté de l'État. Les inculpés sont conduits à la première audience du Tribunal de première instance de Kinshasa sans assignation, devant la presse internationale, invitée à cette occasion. Après quelques audiences, l'affaire est prise en délibéré. Mais, à la surprise générale, c'est par la radio que les infortunés apprendront, dans leurs cellules, le verdict qui les condamne jusqu'à vingt ans de prison. Ils seront libérés le 14 octobre 1969 à l'occasion de l'anniversaire du président Mobutu[16].

Je sens que, dans le chef du pouvoir, il règne, à cette époque, une volonté inébranlable de châtier par la mort le milieu estudiantin, de casser l'élan contestataire. Ceci est d'autant plus vrai qu'aucun des militaires qui nous ont visés n'a été inquiété. Le cardinal Malula se fait refouler de l'Hôpital

---

15 « Congo-Zaïre, l'empire du crime permanent : le massacre des étudiants de Kinshasa », *Le Phare* (www.lephareonline.net), 05/08/2013.

16 *Id.*

général où il s'est rendu pour visiter les morts et les blessés, mais il n'a rien fait de plus.

J'ai besoin « de prendre l'air ». Je vais chez ma tante, dans la cité, la sœur de mon père qui habite une très grande parcelle. Dans un premier temps, je ne sors pas, c'est plus sûr. Je suis protégé. J'y reste les mois de juillet et d'août. En septembre, je dois rentrer à l'université. Je n'ai plus trop de motivation, je n'ai pas passé mes examens. Je suis toujours hanté par le 4 juin 1969. J'ai survécu alors que j'aurais pu mourir. Je suis surtout révolté. Cette tragédie est passée sous silence, le système en place a étouffé l'affaire. C'est comme si personne n'avait jamais été tué…

Pour la première fois, j'ai vraiment besoin de prendre du recul… Je n'ai plus goût aux études. Je décide de partir chez mon père à Bukavu. J'ai besoin de me ressourcer. Mon père a déjà son idée sur le régime en place. Nous ne parlons pas vraiment des événements. Ça fait très longtemps qu'il ne m'a pas vu, il est heureux que je sois là, vivant. Je le suis aussi.

Je reste quelques mois chez lui. Je suis dans une bulle, hors du temps. J'ai raté une année scolaire et je pense à me réinscrire. Cette fois-ci, je décide de m'inscrire à l'université de Lubumbashi. J'ai ma chambre sur le campus et la vie estudiantine reprend.

Lors du 2e anniversaire de la mort des étudiants en 1969, plusieurs cérémonies organisées à Lovanium dénoncent une fois de plus la brutalité du régime de Mobutu. Ils décident d'organiser des manifestations commémoratives pour leurs camarades. La réaction du pouvoir ne se fit pas attendre. Des soldats lourdement armés investissent le campus de Lovanium et c'est à nouveau la violence qui parle… En guise de soutien, par un élan de solidarité envers nos collègues de Kinshasa, nous avons protesté et déclenché un mouvement de grève. La sentence est tombée. Mobutu, qui ne peut souffrir aucune contestation démocratique, a décidé d'embrigader les étudiants de Lovanium dans l'armée pour deux ans. Ils ne feront que trois mois. Mobutu mettra brutalement fin à leur séjour dans les casernes des camps militaires, de peur que les étudiants ne contaminent les soldats. Ils regagnent les campus universitaires et reprennent leurs études sous le grade de sergents.

Concernant les étudiants de Lubumbashi, « s'ils s'entêtent, ils en auront pour sept ans » ! Quand ce message est proclamé, notre campus est déjà encerclé, sans aucune possibilité de fuite. Je monte sur le toit d'une voiture pour parler, à la lueur des lampadaires, pour calmer les troupes : « ensemble, nous sommes plus forts, la peur ne conditionne rien, nous devons rester calmes… », je suis jeune et plein d'espoir. Plus tard dans la nuit, un des ministres de Mobutu, le ministre de l'Enseignement dont je ne me souviens plus du nom, viendra sur le campus. Sa mission est de faire signer les étudiants prêts à s'enrôler dans l'armée pendant sept ans. Les premiers signent sans broncher. J'en fais partie. Pour nous, pas de choix possible. Le ministre, lui, se retrouve face à un campus entier qui va s'embrigader dans l'armée. Ce n'est pas le but… Il faut au contraire « diviser pour mieux régner ». Il arrête les inscriptions. Le temps d'une nuit, les étudiants mouchards faisant partie du MPR, le Parti unique, s'arrangeront pour dissuader le reste des étudiants à ne pas s'engager. Ils pensent avoir le choix. Or ils auront été manipulés. Les mouchards rapportent l'horreur que vivent ceux de Kinshasa… « À leur arrivée dans les casernes de Léopoldville, ils sont passés à tabac, coups de poing, de pied, de fouet, des jets de pierre ou de tout autre projectile. Les étudiants ressemblent à des prisonniers de guerre et sont traités de la sorte ». Le lendemain matin, les votes auront changé, ils n'iront pas ! Deux cent quatre étudiants seulement sur trois mille seront versés dans l'armée et internés au centre d'entraînement de Kitona, dans la province du Bas-Zaïre, où, selon la télévision nationale, « nous apprendrons à obéir et à fermer nos gueules ».

7
Treize mois et quinze jours à Kitona

Du campus, nous sommes amenés dans un camp militaire. J'ai le souvenir que nous sommes une centaine d'étudiants dans une petite salle, les uns contre les autres. Le soir même, on nous empile dans des bus, direction l'aéroport. À Lubumbashi, au mois de juin, il fait frais, de ce fait, nous nous sommes préparés à faire face au froid et on a enfilé plusieurs couches de vêtements. Deux, trois T-shirts, trois pantalons superposés, deux pulls… Quand on entre dans l'avion, les gens sont silencieux et osent à peine nous regarder, sauf quelques-uns qui essayent de chercher du regard l'une ou l'autre connaissance. Un souvenir à cet instant me revient. Sont présents les joueurs sélectionnés de l'équipe de football de Lubumbashi pour aller jouer à Kinshasa.

Pendant le voyage, personne ne nous adressera la parole. C'est le mot d'ordre. Le capitaine qui nous encadre, et qui semble souffrir de ce que l'on vit, nous donnera comme consigne, à la sortie de l'avion : « Ne réagissez pas, ne réagissez pas, contre tout ce qui vous arrivera… », et il a raison.

Arrivés à l'aéroport de Kinshasa, des bus nous conduisent dans un camp militaire composé de para-commandos. Nous pensons être arrivés… c'est un piège.

Les militaires, ces imbéciles, nous demandent de descendre du bus et de courir, « couchez-vous, debout, courez… à terre, rampez », et les coups de bottillon n'en finissent pas. On a peut-être fait 300 mètres, c'est comme si je venais de faire plus de 3 kilomètres. À Kinshasa, la chaleur est omniprésente, avec mes couches de vêtements supplémentaires et ces mauvais traitements, je ne suis plus sûr de mes émotions, de mes impressions, de ce qui se passe.

Le bus nous attend un peu plus loin. Les militaires en ont fini de jouer avec nous, ils se sont bien fait plaisir. Sur la route, nous ne savons pas où nous allons, nous passons par l'avenue Kasa-Vubu, par des rues qui me sont familières, je reconnais au loin la maison de ma grand-mère… Je suffoque, j'enlève tous mes vêtements qui sont inutiles, je les lance par la fenêtre et je pousse un énorme cri pour que les miens m'entendent… La peur est palpable.

Nous arrivons dans le camp Tshatshi, camp militaire de la garde de Mobutu où il a lui-même établi sa propre résidence. Le capitaine qui nous encadre sait ce qui nous attend et nous répète, encore, de ne pas broncher. Il sait que les militaires qui nous accueilleront à la sortie du bus ont reçu comme information que nous sommes des rebelles du Katanga. Le simple fait d'entendre le mot « rebelle » les rend complètement fous… Ils sont préparés et entraînés à partir en guerre et à mourir contre eux, leur ennemi juré. Nous allons être jetés en pâture à ces bêtes assoiffées de sang !

Ils tournent autour du bus comme des chiens enragés. Ils essayent de casser des vitres, de forcer la porte du bus… Nous

passerons ce barrage sans casse, mais la peur est grande. J'ai peur. Nous arrivons à notre campement et nous sommes placés dans des tentes ; je m'effondre d'épuisement. Mon sommeil est toutefois de courte durée. Dans la nuit, un soldat m'appelle, m'ordonnant de me rendre dans une autre tente. Je me retrouve face à un auditorat composé de plusieurs militaires : « Êtes-vous un meneur ? Si vous nous dites la vérité, vous n'aurez pas de problème, si vous mentez, nous le saurons et les conséquences seront gravissimes ». Ma réponse est simple : « Je ne suis pas meneur, la seule chose que j'ai faite, c'est calmer le jeu, rassurer les étudiants et leur demander de se modérer. Mais meneur, NON, jamais ! »
« Êtes-vous sûr ? »
« Oui, c'est vrai. J'ai juste pris la parole pour canaliser les étudiants. »

À cet instant, ma seule crainte est de disparaître, une pierre au pied et jeté dans le fleuve, personne ne le saurait jamais.

On me ramène dans ma tente pour que je puisse continuer ma nuit. Je n'ai pas vraiment réussi à trouver le sommeil.

Le matin, au lever, nous faisons des exercices physiques. Mobutu a pris l'habitude de se promener au sein du campement et je le vois se balader.

Une semaine passe.

Le dimanche, une grande messe s'organise. La famille est prévenue et peut nous rendre visite. Nous sommes des milliers d'étudiants en tenue militaire. À la fin de la messe, je suis agréablement surpris de voir que ma tante, la cadette du côté de mon père, Agnès Kompany, et ma cousine, Gertrude Kabamba, ont fait le chemin pour venir me voir. Elles sont en pleurs, choquées de me retrouver dans cette condition. Moi, un jeune homme sans problème. Souvent premier de classe, studieux et sans jamais s'être mis dans une situation difficile ou compliquée auparavant. J'ai en mémoire qu'elles m'ont apporté une trousse médicale bien remplie, soucieuses de ce qui pourrait advenir… Je n'aurai pas le temps de l'utiliser.

Deux jours plus tard, on nous emmène par avion à Kitona. Localité de la province maritime du Bas-Congo, sur le territoire de Muanda. Elle se situe à environ 600 kilomètres au sud-ouest de Kinshasa. L'agglomération accueille une petite base militaire équipée d'une piste d'atterrissage.

J'y resterai treize mois et quinze jours. Sans la moindre visite.

Nous avons pu garder contact avec la famille par courrier postal, mais en faisant attention à nos écrits, car ils seraient tous lus.

Mes journées se ressemblent et se répètent. Quand on sort de sa chambre, on n'y retourne pas de la journée. Il faut passer le temps.

Réveil à 5 heures du matin. Faire son lit. Exercices physiques. Tâches diverses (cuisine, nettoyage, rangement des dortoirs…). Manger. Faire du sport, du jardinage, de la musique… Je ne joue pas d'un instrument, mais je répare le matériel. Je gère le son lors de concerts donnés par des étudiants qui ont formé un orchestre. Je suis ingénieur du son, comme déjà au campus, à Lovanium.

Il a fallu du temps avant de retrouver un semblant de vie sociale. Au fil des semaines et des mois, une familiarité commence à se créer avec les soldats. Ils se rendent bien compte que nous ne sommes pas des rebelles, mais de simples étudiants. Certains se lient d'amitié avec nous. Ils comprennent que nous pouvons leur apporter un plus et que nous avons la capacité de les aider. Les étudiants en médecine incorporent le corps médical de l'hôpital, les étudiants de la section économie aident les militaires à mieux gérer le côté financier, les paiements de leur « solde ». Notre contribution est presque devenue indispensable.

C'est de cette manière que je me suis retrouvé dans le Service S3, Instruction militaire. Je travaille désormais avec eux.

Kitona, c'est comme une petite ville, aussi grande que Ganshoren. Les militaires y vivent avec leur famille.

Je m'accommode à cette vie-là. Je ne m'intègre pas, les règles sont là pour me le rappeler. Je subis la loi militaire avec une surveillance accrue. On ne peut pas sortir… sauf quand l'orchestre part faire des concerts à Muanda. Une bouffée d'air. Je n'ai jamais eu l'idée de fuir. Deux de mes camarades ont essayé quelques mois après notre arrivée. État d'alerte générale : ils ont terminé leur temps dans la prison de Kinshasa.

Je suis cependant persuadé que je recommencerai un jour mes études.
Que ferait Mobutu d'autant d'étudiants dans l'armée ?

Les deux ans que doivent passer les étudiants de Lovanium à l'armée arrivent bientôt à échéance (mais, rappelez-vous, ils ont déjà regagné les campus universitaires bien avant).

Mobutu décide de nous « libérer ». La presse internationale va clairement s'intéresser de plus près à notre cas. Pourquoi, nous, les étudiants de Lubumbashi avons pris sept ans ? Nous avons pu de ce fait regagner l'un des campus de la nouvelle université nationale (UNAZA) qui est répartie par faculté (la Faculté de médecine, la Faculté d'économie, telle faculté à Kinshasa, telle autre à Lubumbashi…).

En 1971, en pleine zaïrianisation du Congo, Mobutu a décidé la fusion de l'université Lovanium avec les universités de

Lubumbashi et de Kisangani dans une seule université, appelée Université nationale du Zaïre. Tout le monde se retrouve à voyager pour retrouver la faculté qui correspond à sa matière choisie.

C'est « l'année des 3 Z », il renomme à la fois le pays, le fleuve et la monnaie sous le nom de Zaïre. Il impose un costume traditionnel, crée une version zaïroise du costume occidental : « l'abacost » (à bas le costume) et il oblige les Zaïrois à choisir des prénoms d'origine africaine et locale (donc, non chrétiens), ce qu'il fait lui-même en devenant *Mobutu Sese Seko Kuku Ngbendu Wa Za Banga*, c'est-à-dire « Mobutu le guerrier qui va de victoire en victoire sans que personne ne puisse l'arrêter[17] ».

Entre 1966 et 1971, de nombreux lieux sont aussi rebaptisés, dont voici quelques-uns de ces changements de dénomination parmi les plus importants : Léopoldville devient Kinshasa ; Stanleyville, Kisangani ; Élisabethville, Lubumbashi ; Jadotville, Likasi ; Albertville, Kalemie et Luluabourg, Kananga. Le Katanga s'appelle dorénavant le Shaba, le Stanley-pool, le Pool-Malebo, le lac Léopold II, le lac Maï-Ndombe et le lac Albert, le lac Mobutu[18].

Une partie de la Faculté des ingénieurs se situe sur le campus de Lubumbashi. Je reprends donc mes études, tout en gardant le statut de militaire. Nous n'avons fait que treize mois et quinze jours, il faut terminer les deux ans annoncés et les cinq ans comme réservistes. On nous donne des chambres sur le campus, un bloc spécial pour ceux de Kitona. Il faut réorganiser la vie militaire de chaque étudiant qui doit en même temps s'acquitter de ses obligations d'étude.

On restructure le campus en un camp militaire.

17 « Mobutu Sese Seko », *op. cit.*
18 « Le Président Mobutu selon Serge Kuhani Matende Kasongo », *Mémoire online* (www.memoireonline.com), 2008.

Je serai le commandant de la compagnie, groupe composé de plus de quatre-vingts étudiants. À Kitona, j'ai déjà pris un certain ascendant grâce à mon poste particulier au sein de l'Instruction militaire. Je suis chargé du bon fonctionnement général de la compagnie et d'en référer à l'état-major des étudiants de Lubumbashi.

En septembre, je deviens commandant du bataillon des étudiants de Lubumbashi qui comptent à ce moment-là plus de mille étudiants, dispersés dans des facultés différentes.

Désormais, je me rends compte que je suis plus « puissant » que toute autre personne civile. J'ai le pouvoir de faire arrêter des gens et de faire maintenir l'ordre quand c'est nécessaire. J'écoute et je vois déjà des choses qui me dépassent. Je suis responsable d'eux.

Le clairon sonne, le drapeau monte. Je prends la parole. Devant ces militaires, ces étudiants qui sont en ligne devant moi.
L'expérience acquise quelque part n'est jamais perdue ailleurs !

Parallèlement, la Jeunesse du parti MPR (JMPR) prend de l'ampleur et devient de plus en plus forte et structurée. Ses membres sont presque comme « des concurrents » de l'armée. Le JMPR a opéré un lien majeur entre les étudiants et l'État. En réalité, le gouvernement tente de mettre sous sa coupe les secteurs les plus susceptibles de voir émerger une opposition au régime. D'où la création de l'UNTZA (l'Union nationale des travailleurs zaïrois) qui regroupe sous une seule organisation, trois syndicats de travailleurs préexistants.

Notre seule « rébellion » reste pacifique. Notre seule résistance, c'est que jamais nous ne participions à la parade matinale. Nous, les étudiants miliciens, n'avons jamais dansé ni chanté les chants révolutionnaires à la gloire de Mobutu. Nous avons notre réseau, on joue le « jeu ». De ce fait, je suis en première ligne et je peux réceptionner les communications importantes, surtout celles concernant les étudiants.

L'unique fois où je serai réellement impliqué, c'est lorsque Mobutu décidera de venir visiter le campus à Lubumbashi. J'ai dû organiser, avec d'autres camarades militaires, sa venue. Mais je resterai loin de lui. Je n'ai aucun intérêt à me faire connaître. Certains sont rentrés dans le système et deviendront bien plus puissants par la suite. Je n'ai jamais mangé de ce pain-là…

La philosophie mobutienne doit être vue comme un effort pour réconcilier les aspirations des traditions culturelles zaïroises avec les exigences de la modernisation. Tout n'est que slogan pour légitimer le régime. Mobutu le proclame lui-même, en disant : « Dans nos traditions africaines, il n'y a jamais de place pour plusieurs chefs… C'est pourquoi nous, les Congolais, désirons nous conformer aux traditions du continent, et avons décidé de joindre l'énergie des citoyens de notre pays sous la bannière d'un seul parti national. »

Quand on vit dans un camp militaire, sans en adopter les rites et les rituels, nous en prenons les « habitudes ». De retour sur le campus, après Kitona, nous avons l'air de vrais soldats stratèges. Il faut être plus fort que les autres, plus responsable, plus sérieux, plus, plus, plus… que les étudiants faisant partie de la JMPR. La chance que nous avons, c'est que nous sommes un groupe uni, un groupe d'étudiants qui étudient. Les amitiés sont très fortes… et nous ne l'oublions pas.

J'ai gardé ces habitudes. Aller à l'armée laisse des traces. Revenir à la vie normale n'est pas chose aisée. Le militaire a un décalage absolu. Il faut un mental d'acier pour ne pas sombrer dans la perversion. C'est en totale inconscience que les gens agissent par effet de groupe. Pour ceux qui reviennent de

Kitona, céder à la violence serait aisé. Heureusement, on vit dans un campus ouvert et nous n'avons pas souvent à gérer des conflits agressifs ou offensifs.

Avec le temps, je réaliserai que lorsque l'être humain est dans un système qui prend l'ascendant sur l'individu, celui-ci peut poser des actes par mimétisme. Il faut une force de caractère, une puissance de l'esprit et un contrôle de soi unique pour ne pas se laisser submerger.

J'ai appris à être dur avec moi-même. Ne pas s'effondrer, trouver la force d'avancer. Ne retenir que le positif de chaque expérience, car il est bel et bien présent. Aborder les conflits avec calme et sérénité, tout en posant des actes forts et réfléchis. Être résistant… à la bêtise humaine surtout. Faire face aux mensonges. Cela a été une école de la vie, une école de l'endurance. J'ai gardé cette structure militaire en moi pour beaucoup de choses. Je fais mon lit tous les matins, ma gymnastique pendant une dizaine de minutes, je respecte la hiérarchie et les codes sociétaux.

Cette partie de ma vie aura inévitablement une répercussion sur mes comportements futurs, conscients ou inconscients !

À cette époque, je suis étudiant, commandant et joueur de foot à TP Mazembe. Je n'y jouerai qu'une saison (1972-1973). Je ne dors pas beaucoup. Je n'ai jamais eu besoin de beaucoup d'heures de sommeil. Encore maintenant, je ne dors que quelques heures. Les gens qui me sont proches le savent bien. J'envoie beaucoup de communications pendant la nuit.

Parallèlement à ce que je vis, mon père va progressivement rencontrer des difficultés financières. Son affaire bat de l'aile. Il réside toujours à Bukavu. Il a effectué des travaux de grande envergure dans les maisons des Hauts Généraux, suite à la rébellion du mercenaire Jean Schramme, qui ont décidé, d'un commun accord, de ne pas le payer… L'ordre vient de Kinshasa. De Mobutu. Il a investi dans le matériel, des matériaux de luxe, et a payé la main-d'œuvre. C'est le début de son arrêt de « mort commercial ».

Il devra se séparer de ses ouvriers, plus de soixante personnes. Jusqu'à ce qu'il réalise qu'il doit se mettre en faillite. Mon père s'est retrouvé à faire des travaux d'utilité publique pour rembourser ses dettes. On lui a pris sa maison. Il a tout perdu petit à petit. Plus tard, mon frère Pascal, ayant les moyens, a fait rapatrier la famille à Kinshasa et s'en est occupé. Mes parents vivront chacun jusqu'à 86 ans. Je serai déjà en Belgique quand ils décéderont. Je ne pourrai pas assister à leur enterrement. Mon père, par déformation professionnelle, prend plaisir à ramasser des pièces de moteur et tout autre morceau de fer. Il les a accumulés dans la parcelle de mon frère. Jusqu'au jour où il culbutera sur l'une des pièces et se cassera le col du fémur. Il en mourra malheureusement, après être rentré à l'hôpital, le traitement n'ayant pas dûment été réalisé, malgré les sommes d'argent envoyées en urgence de la Belgique.

Le Zaïre, à ce moment, semble être un eldorado pour les investisseurs étrangers qui convoitent ses ressources naturelles. L'État lance une politique de grands travaux, les « Éléphants blancs[19] ». Les Éléphants blancs donneront lieu à une importante corruption des élites politiques et administratives.

Cette économie rentière ne résiste pas à la chute des cours des matières premières. Mobutu ne peut qu'en constater les inconvénients lorsque se produit une subite chute de ceux du cuivre. Mobutu lance aussi le Zaïre dans une politique de « zaïrianisation » de l'économie. Cette nationalisation brutale de

---

19 Un Éléphant blanc est une réalisation d'envergure et prestigieuse, souvent d'initiative publique, mais qui s'avère plus coûteuse que bénéfique, et dont l'exploitation ou l'entretien devient un fardeau financier (« Éléphant blanc », *Wikipédia*, mis à jour le 26/08/2019).

l'économie a vu les chefs d'entreprise étrangers remettre leurs clés à des membres de l'armée zaïroise venus faire appliquer le décret de zaïrianisation. Les entreprises deviennent ainsi, pour un régime à bout de souffle, un bon moyen d'acheter des fidélités. De nombreux bénéficiaires de la zaïrianisation, tous proches du régime, prennent ces entreprises pour leurs propriétés personnelles sans se préoccuper de leur gestion. La corruption est ainsi de plus en plus endémique (on parle, pour le régime mobutiste, de « kleptocratie », littéralement « gouvernement par le vol »), dégradant la situation économique et sociale de l'écrasante majorité des Zaïrois de façon dramatique[20].

Mon année scolaire de 1973-1974 est une année charnière. Je suis déjà dans un autre monde, je pense à partir... en Europe. Je reste désormais suspect d'avoir été un meneur. Dès que le 4 juin approche, date de la commémoration de la marche des étudiants de 1969, je ne suis pas à l'aise. Que va-t-il encore arriver ? Que va-t-il encore m'arriver ? Pour très peu, je risque cette fois-ci d'aller en prison. Je ne suis pas en paix. Pendant cette année, je sens la tension montée.

À la fin de l'année scolaire, je décide de monter sur Kinshasa rejoindre une partie de la famille. Pour la première fois, les études ne sont plus vraiment ma priorité. Je vois le pays se durcir et je ne supporte plus ces chants aux louanges du dictateur qui résonnent dans ma tête du lever au coucher du soleil. Nous sommes en plein « mobutisme ». Et moi, je ne trouve plus ma place dans ce pays qui n'est plus le mien.

En 1974-1975, je m'inscris en deuxième année à Lovanium, à Kinshasa. Je ne peux pas errer dans les couloirs de l'université. Ce serait beaucoup trop suspect. Malgré le peu de motivation qui me reste, je la réussis brillamment.

20   Amzat Boukari-Yabara, *Africa unite ! Une histoire du panafricanisme*, Paris, La Découverte, « Cahiers libres », 2014.

Je ne suis plus militaire, mais on nous impose d'être réservistes pour l'armée pendant cinq ans. Cela veut tout dire ! Le régime garde une mainmise sur les deux cent quatre étudiants de Kitona. C'est une des raisons de ma fuite…

Je dois faire attention à ne pas me faire remarquer. Les étudiants-mouchards sont de plus en plus présents et à la recherche d'histoires croustillantes à rapporter. À n'importe quel moment, tout peut basculer, m'emportant dans une chute que je ne pourrai contrôler. Heureusement, j'ai des gars sur qui compter. De vrais amis. Et une famille qui restera présente plus que jamais.

Je prépare de ce fait doucement mon départ vers l'Europe. Je me procure la carte du Parti, qui s'avérera une valeur sûre lors de mon voyage. Si l'on m'arrête et qu'on me la demande, au moins je pourrai la présenter. Elle est aussi importante que la carte d'identité ou le permis de conduire.

Comment sortir du pays ? La meilleure issue : un médecin/une maladie/des contrôles à effectuer en Europe.

Le médecin est un ami, j'ai fait sa connaissance dans la clinique universitaire. Il m'a fait un certificat stipulant clairement que je souffre d'une maladie, dont je ne me souviens même plus du nom. Il recommande mon départ pour la Belgique afin d'effectuer des examens plus approfondis et des traitements adéquats.

L'ambassade m'octroie mon visa belge. C'est « quitte ou double », par chance, c'est passé, et ce, sans corrompre qui que ce soit.

Mon billet d'avion en poche, Martino me conduit à l'aéroport.

8
La Belgique, ma terre d'accueil

Le 15 novembre 1975, je pose le pied sur le sol belge !

La Belgique, ce pays qui deviendra le mien.

L'année 1975 sera celle d'un des hivers les plus froids. Une vague de froid précoce a déjà précipité des chutes de neige un peu partout. L'été qui suivra, en 1976, restera une année de référence. La chaleur sera persistante dès le mois de juin jusqu'à provoquer des incendies de forêt, un phénomène particulièrement rare en Belgique. Ceux qui ont vécu l'été 1976 ne peuvent pas l'oublier. Les agriculteurs belges non plus. Une sécheresse exceptionnelle frappe une partie de l'Europe, dont la Belgique, entraînant des restrictions dans l'approvisionnement de l'eau, d'énormes pertes agricoles et coûtant la vie à des milliers de personnes. Je m'en souviens comme si c'était hier.

Pascal est venu me chercher à l'aéroport. Il m'a apporté un manteau. Ça veut tout dire.

Je suis resté habiter avec lui et sa famille, à Schaerbeek durant trois mois. Je suis soulagé. La pression tombe. Je suis dans un État démocratique. J'ai des libertés fondamentales dont celles de penser et de me déplacer. Je ne suis pas seul, certains membres de ma famille habitent déjà en Belgique. Je ne suis pas complètement en terre inconnue. Désormais, le Zaïre, la RDC…, tout cela est loin derrière moi. Progressivement, j'apprendrai à connaître un autre pays, une autre culture.

D'ailleurs, je ne franchirai les murs de l'ambassade du Congo que deux fois en quarante ans. L'une sur invitation pour l'anniversaire de l'Indépendance. Lorsque j'en suis sorti, j'ai pensé ne plus y retourner. L'autre fois, pour me procurer un visa afin d'assister à un mariage à Kinshasa, celui de Rodyse Munienge, l'ami de mon fils Vincent.

Après trois mois, je m'installe à Etterbeek, dans une mansarde, chaussée Saint-Pierre. Je ne veux pas bousculer le quotidien de mon frère. Je suis l'aîné et je suis venu pour m'installer de manière définitive. Je veux rapidement prendre mon envol.

Ce qui m'attend n'en est pas moins périlleux. Je vais tomber dans le piège de la « régularisation de mes papiers » qui durera sept ans.

Lorsque j'arrive à la mission de l'ONU, je vais me présenter au service des réfugiés (Human Rights). Je tombe sur quelqu'un de mauvaise foi, peut-être une raciste ? Elle me dit que j'ai le temps de préparer mon dossier et de m'inscrire à l'université. Première erreur… Je n'ai pas le temps, j'aurais dû m'inscrire immédiatement. Lorsque je reviens pour mettre en ordre mon dossier, la preuve de ma première venue a disparu. Je ne suis pas enregistré, je ne suis pas dans les délais. Cette personne, je le soupçonne, sait exactement ce qu'elle a fait.

Entre-temps, j'ai été reçu par le docteur Lebon. Professeur de médecine à l'université, il donne cours à ma cousine qui habite à Bastogne. Il confirmera le diagnostic et transmettra mes résultats. Je dois subir une batterie d'examens. Ça me permettra, dans un premier temps, de rester sur le sol belge.

Dans un second temps, j'irai m'inscrire à l'université. À cette époque, je n'ai besoin d'aucun papier. J'ai un visa, un passeport, c'est suffisant. On t'accepte, peu importe d'où tu es originaire. Ils sont du côté « des droits de l'homme » et, quelque part, c'est une chance de pouvoir accéder aux études si facilement... L'université est puissante. On peut s'inscrire trois, quatre fois dans la même année, sans jamais venir au cours. Ce sera mon cas.

Je m'inscris en deuxième candidature, « section ingénieur ». Je suis alors âgé de 28 ans. Au lieu de suivre les cours, je dois bosser. J'ai un peu d'argent que j'ai épargné lors de mon grade de commandant, mais je l'ai utilisé pour payer mon billet d'avion.

Mon premier job, je l'effectuerai à la « presse » de l'ULB. Pendant que les autres étudient, j'imprime les syllabus. Le foyer de l'université est un « nid à job ». Aux valves, je trouve toutes sortes d'annonces. Mon attention est particulièrement attirée par des demandes de « cours particuliers ».

Je donnerai donc des cours de rattrapage, essentiellement en mathématiques et physique à des élèves qui en ont bien besoin. Je suis toujours un intellectuel. Je continue à lire. Je passe quelques examens pour garder le niveau et surtout je me dis que, lorsque ma situation sera régularisée, je pourrai entièrement me concentrer sur mes études... En attendant, je ne le peux pas, je dois m'en sortir...

Je me souviens d'une famille située à Woluwe-Saint-Pierre, dont les parents sont toujours partis en voyage à l'étranger. La jeune fille, qui est l'aînée, va souvent prendre du bon temps en

Espagne et doit rattraper certainement son retard… Le fils est en humanités et a quelques difficultés dans mes matières de prédilection.

Je dois avouer que je suis un peu « choqué » de cette éducation bourgeoise. Les enfants, ces enfants-là, car, loin de moi de vouloir en faire une généralité, ont une liberté totale et agissent à leur guise. Je le perçois du moins de la sorte. Les études étant pour moi une priorité, si je pouvais les continuer dans de meilleures conditions, je le ferais. Pour eux, c'est une obligation ou un passe-temps obligatoire. Entre nous, c'est le choc des cultures. Mais j'ai accepté d'être surpris et de me libérer des éventuels préjugés. Je suis prêt à me familiariser avec des codes différents.

Je me souviens plus particulièrement de ces parents habitant à Waterloo, dont le père est concessionnaire de véhicules automobiles. Il vient me chercher jusque chez moi, pour que j'accompagne son fils dans ses études. Ce dernier est en première candidature d'ingénieur commercial. D'ailleurs, il a de la chance, il peut changer sans cesse de voiture. Moi qui aime les beaux bolides… La famille vit dans une maison splendide. L'enfant a sa propre salle de musique dans une chambre très spacieuse. À 4 heures, une « bonne », une servante, vient nous servir quelques biscuits et du café.

Je lui donne cours toutes les semaines chez lui, jusqu'au jour où… le jeune garçon viendra chez moi, dans ma mansarde, où je poursuivrai son *cursus* de révision. C'est une marque de confiance et j'en suis très heureux. Un soir, ses parents, en venant le rechercher, resteront manger à ma table. Au menu, côte de porc (plus exactement des spiringues), haricots et riz. Petit clin d'œil à mes amis congolais, c'est une spécialité africaine bien connue de tous ! Je suis à la fois très étonné, mais également très ému. Les parents s'attacheront à moi et comprendront ma situation. Ils m'aideront financièrement en arrondissant mes paies largement au-dessus du salaire de base, prétextant que leur fils mange chez moi.

Plus tard, j'aiderai un jeune homme, qui deviendra un ami et qui l'est toujours. Geert. Il travaille à la Caisse d'Épargne et il doit passer des examens pour décrocher une promotion. Il réussira. Il m'invitera souvent à passer du temps dans sa famille près de la frontière d'Eindhoven. Je serai amené, avec sa famille, à rencontrer un sénateur flamand, père de cinq ou sept filles... Je sors de ma zone de confort, de mon itinéraire et de mon train-train quotidien. Je vais très facilement à la rencontre de la population. Je m'intéresse aux gens, à l'être humain. « On m'apprécie, même en étant Noir ! » – c'est ce que je me dis. Je me débrouille très bien.

À Etterbeek, près de la place dominée par l'ancienne église Sainte-Gertrude qui est abattue par sécurité, se trouve le café « Le Cercle », rue Doyen Boone. L'établissement existe toujours, au même endroit. C'est le point de rencontre de nombreux jeunes. Ils ont constitué une équipe de football composée d'amateurs et d'amoureux du ballon rond. Je suis « aspiré » dans ce groupe. Ils m'adoptent, m'acceptent. Ils finiront par apprendre que j'ai joué à un niveau bien plus élevé et que je suis un très bon joueur. Le capitaine me passera même son brassard. On se réunira chaque week-end et je les entraînerai. Avec l'équipe, je participerai aux nombreux championnats de la Ligue des amateurs de football.

De but en blanc, nous créons une équipe de jeunes gamins et d'ados. Je prends la responsabilité de les entraîner tous les dimanches. Lors d'un championnat, je serai pour la première fois confronté aux tensions entre francophones et Flamands. Je ne pourrais plus l'expliquer, mais je garde très clairement cet instant gravé dans ma mémoire. Je comprendrai finalement que ces tensions sont en réalité une donnée congénitale de la Belgique.

Nous devenons un groupe soudé, des amis, animés par la même passion, celle qui m'a animé depuis ma plus tendre enfance, le football.

De temps en temps, je vais aux labos de physique et de chimie. Je ne suis pas obligé d'assister aux cours théoriques de la faculté de l'ULB, mais il faut avoir un certain quota de présences aux travaux pratiques. C'est mon ami Irda Hachem, étudiant et étranger comme moi, qui me prête son tablier de cuisine. Lui, il a trouvé un job de cuisinier. C'est ma première grande amitié sur le territoire belge. Nous avons gardé une relation privilégiée.

Nombreux diront que je me suis parfaitement intégré. Pour moi, c'est naturel. J'ai toujours eu la capacité d'accepter l'environnement dans lequel je me trouve, ici et ailleurs.

La réelle préoccupation que j'ai, c'est ma régularisation, qui me prend beaucoup de temps et d'énergie. Ma peur et ma crainte sont que l'on me renvoie dans mon pays d'origine. Les implications de la politique belge avec celle de Mobutu, surtout quand il est à son apogée, sont telles qu'il y a des gens qui se voient embarquer et renvoyer vers le Congo.

Durant cette période, je continue de suivre la politique du Congo. Je suis intéressé par ce qui pourrait arriver de bien pour le pays. Mais, quand je vois ceux censés être au sommet de l'opposition rejoindre finalement le gouvernement de Mobutu, je suis dégoûté de ce jeu politique. Je crois de moins en moins à la possibilité d'un changement ou d'une amélioration.

J'ai eu à rencontrer des hautes personnalités du Congo, qui ont « retourné leur veste ».

Je citerai Jean Nguza Karl-I-Bond, Premier ministre sous le régime de Mobutu, qui a été condamné à mort, maltraité en prison et gracié ensuite. Il retrouvera son poste après sa libération. Pas pour longtemps. À la première occasion, il se retrouve en exil en Belgique, dans l'opposition zaïroise où il vilipende le régime et dénonce ses ignominies. C'est à Uccle, dans sa demeure barricadée de tous les côtés, que je le rencontrerai. La femme qu'il a épousée, je l'ai rencontrée à Lubumbashi. Étudiante, milicienne, elle a été la responsable du bataillon des femmes sous mon commandement.

On parle de Nguza comme possible remplaçant de Mobutu… Le temps passe, et j'apprends qu'il retournera au Zaïre et deviendra ministre des Affaires étrangères sous le règne de Mobutu. La soif du pouvoir. L'appât du gain.

Mungulu Diaka, que j'ai rencontré lors d'une réunion à Dison, village situé en Région wallonne, dans la province de Liège. Dans son discours, il semble déterminé et campe sur ses positions. Ce même homme, qui s'est fait révoquer et calomnier, est nommé Premier ministre. C'est une félonie !

Et ces deux exemples ne sont pas des cas isolés.

Plus d'une fois, on me demandera de rejoindre le parti de la Jeunesse du MPR, à Bruxelles. « Tu pourras rentrer au Congo, plus fort. Des plus faibles que toi ont bénéficié de beaucoup, avec ton niveau, tu seras gagnant. »

Après l'obtention de mes papiers, je tournerai complètement le dos à cette politique. Après 1969, après Kitona, je n'ai plus rien à apprendre d'eux, de tout ça…

Je continue de mener ma vie.

D'ailleurs, en 1975, je me suis immédiatement inscrit chez les jeunes socialistes à la section des socialistes à Etterbeek. Je veux rester près des gens qui font de la politique.

Dans mon processus d'intégration, j'ai la chance d'avoir de vrais compères à mes côtés. On est une bande. Je suis inclus dans un système social. Les hommes organisent leur vie en fonction de leur environnement au sens large. Je suis toujours en relation avec tous les gens d'Etterbeek. Je suis le seul Africain, mais je ne vois pas cette différence de couleur. Ces relations amicales m'auront donné beaucoup de force.

Mon arrivée dans ce pays, c'est ma première rencontre avec la neige et… le froid. Cela peut sembler « bête » ou anodin pour la plupart, mais jamais je n'ai encore vu pareils paysages. Jusqu'à 50 centimètres, voire 1 mètre à certains endroits. Les jeunes enfants s'émerveillent devant ce genre de spectacle. J'étais comme un enfant. Dans mon for intérieur, je me demande quand même où je suis. C'est formidable ! Le froid, je m'en accommoderai.

L'année d'après, l'été le plus chaud. Les gens me diront : « Ah, mais vous, Monsieur, vous avez l'habitude, vous êtes bien » (beaucoup se reconnaîtront dans un sens comme dans l'autre). « Pas du tout, dans mon pays, le soleil ne se lève pas à 5 heures du matin pour aller se coucher à 22 heures. Il monte graduellement jusqu'à midi, pour être au zénith, et vers 17 heures, la chaleur s'estompe. » Question à laquelle je répondrai souvent quand il fera chaud… même encore aujourd'hui. Donc, non ! Ce n'est pas parce que l'on est Africain que l'on supporte mieux la chaleur.

Je tourne toujours en rond pour la régularisation de mes papiers. On doit être en 1978. C'est désormais dans les mains de mon avocat. Une personne remarquable, qui n'est autre que

Serge Moureaux, le frère du député socialiste Philippe Moureaux (je ne sais pas qui est mon avocat au moment de ma rencontre avec lui).

Comment ne pas évoquer le parcours d'un homme d'une telle envergure ?!

« Docteur en droit de l'Université libre de Bruxelles, sa vie professionnelle et publique est marquée par l'engagement, tant dans ses activités d'avocat que dans les nombreux mandats politiques qu'il exerce. Personnalité emblématique, Serge Moureaux est aussi un homme de lettres, attaché à la culture francophone. Il sera d'ailleurs président de la Maison de la francité jusqu'en 2011[21]. »

Je ne l'oublierai jamais, c'est grâce à lui que j'obtiendrai mes papiers... Je lui ai dit « au revoir » lors de ses funérailles le 30 avril 2019 et je lui rends un dernier hommage, ici, par écrit...

Je suis resté inscrit à l'ULB de 1975 à 1978, trois ans je crois. J'ai payé chaque année mon minerval. Quand je suis reconnu comme demandeur d'asile, je commence enfin à « respirer » et à être considéré.

Mes nombreux petits jobs m'ont amené à la rue de Facq, à Saint-Gilles. C'est une dame qui propose régulièrement des boulots d'imprimerie. Évidemment, il m'arrive de regarder ce que j'imprime. C'est comme ça que je me suis retrouvé à imprimer et agrafer le folio du programme du concert de Willy Claes au Concert Noble, à Bruxelles. Willy Claes, le plus jeune ministre de l'histoire belge. Pour payer ses études de sciences politiques, le jeune Claes jouera dans des orchestres et finira même par décrocher, à 16 ans, le prix de piano de l'État belge.

21 « Serge Moureaux », *Wikipédia*, mis à jour le 09/05/2019.

Et le livreur au sein de cette imprimerie n'est autre que Paul Vanden Boeynants, surnommé VDB. N'est-ce pas irréel ?

Ce qui m'a vraiment aidé, c'est le football. Dans un premier temps, financièrement, mais surtout psychologiquement. C'est ma bouffée d'air qui me permet d'oublier, le temps d'un instant, mes soucis. Quand je pratique le football, je ne pense à rien d'autre.

Hormis le Cercle, j'ai soutenu de nombreuses équipes en étant rémunéré (voir le chapitre sur le football).

De temps en temps, il m'arrive d'aller danser dans des cafés... en Flandre à Bouwel où à Vilvoorde. Je « paie ma paix ». J'ai déjà trop entendu d'histoires de racisme à Bruxelles et je ne voulais absolument pas y être confronté. Là où je sors, c'est pour passer du bon temps, boire un verre, danser jusqu'au bout de la nuit. Je n'ai jamais dû faire face à des propos raciaux, à des personnes odieuses ou encore à des comportements xénophobes. Le portier est même content et heureux de nous voir. Souvent, l'on me demande si j'ai souffert ou si je souffre du racisme, et, souvent, je réponds que « je n'ai pas le temps pour ça ». Évidemment que je me suis retrouvé dans des situations où j'ai été une victime. Quand je suis arrivé en Belgique par exemple, lorsque j'ai été reçu par cette personne chauvine, dans mon milieu professionnel, avec mes enfants, quand Vincent et François ont évolué dans le milieu footballistique, en politique... D'ailleurs, j'ai justement un souvenir qui me revient brutalement ; à ce moment de ma vie, je fréquente une jeune femme, une Blanche. On a l'habitude de se retrouver dans un café situé rue du Progrès. Souvent, nous nous installons près de la fenêtre qui est ouverte en été. Les flics passent dans leur voiture, une fois, deux fois... J'imagine déjà le scénario qu'ils se font dans leur tête : une femme blanche et un homme noir. Ils me demandent mes papiers d'identité. Je sors ma carte qui a une validité de six mois. « Monsieur, suivez-nous. » Je les suis sans broncher. Je rentre dans leur fourgonnette jusqu'au commissariat d'Ixelles. Laissant derrière moi mon amie et ma voiture. Le GSM n'existe toujours pas. Dans la salle d'attente du commissariat, les heures défilent, une heure, deux heures... personne ne viendra. Un flic qui passe par là me rendra ma carte d'identité, déposée sur l'un des bureaux. Ils l'ont fait exprès, juste pour me casser les pieds. Avec ça, je rigole ! Je ne peux pas me mettre en colère pour ce genre de blague, ce serait leur accorder beaucoup trop d'importance.

Ce que je veux dire, c'est qu'être d'origine étrangère ne prémunit pas contre les préjugés racistes. Le racisme existe depuis la nuit des temps et l'histoire en fournit de nombreux exemples. Je pense que j'ai toujours eu la maturité nécessaire pour comprendre la société dans laquelle j'évoluais. Je ne voulais pas, et je ne le veux toujours pas, donner de mon temps à ce genre d'énergumène !

Plus tard, je découvrirai le quartier des Marolles. Je comprendrai le sens du mot « quart-monde » que mes amis ont l'habitude d'utiliser pour définir ce quartier. C'est un autre monde. J'en apercevrai les spécificités propres. Connaître mieux un pays, c'est en comprendre mieux ses habitants.

9
« Je reste » ou « Je ne reste pas »

À l'époque, je dois faire renouveler ma carte d'identité à la commune très souvent. En tant qu'étudiant, j'ai droit à une carte scolaire, c'est sur cette base qu'on décide de me faire revenir tous les trois mois ou tous les six mois. Au risque de me retrouver devant des problèmes.

« Je reste » ou « Je ne reste pas ».

En 1980, ce que je redoute arrive : l'*ordre de quitter le pays*. Je dois gérer mon stress et ma colère. On m'a refusé le statut de réfugié politique. Mon histoire n'a pas été entendue.

Je suis convoqué à la commune d'Etterbeek après 17 heures. « Monsieur, maintenant, vous êtes comme un simple individu », et ils me passent les menottes et m'attachent à la table. Comme si j'allais fuir ? Je reste calme, ils ne savent pas ce que j'ai déjà vécu. Il m'en faut plus pour m'emporter. Ils attendent certainement que je réagisse. Mon avocat est intervenu. J'aurais pu inverser la tendance et les poursuivre. Avec Serge, ça aurait pu aller loin… Mais pourquoi perdre son énergie ? La rancune n'apporte rien de bon et laisse un goût amer. Ils m'ont libéré comme si de rien n'était.

Mon avocat se préoccupera de ma situation et œuvrera en ma faveur. En 1982, j'aurai, enfin, le statut de réfugié politique validé par l'ONU. Ma naturalisation suivra. C'est dans la logique de mon parcours. Le Congo est derrière moi. Je suis parfaitement intégré. Je suis enfin reconnu, libre et Belge. Je vais pouvoir vivre pleinement ma vie. Du point de vue professionnel, je cherche à avoir un emploi fixe rapidement. Je commencerai avec le métier de taximan. Du point de vue personnel, je peux enfin demander à Jocelyne de m'épouser.

Je décide de m'inscrire à l'ISIB. Je recommence heureusement en deuxième année, autrement je n'aurais pas eu le courage de reprendre mes études. Mon calcul est simple. Je ferai ma deuxième et ma troisième en quatre ans. Je peux de cette manière répartir le temps d'étude et le temps consacré au travail. Ma dernière année, je la ferai d'une traite. À l'époque, les banques font des publicités pour permettre aux étudiants de contracter un crédit lorsqu'on est en dernière année. Mon premier choix se porte sur la BBL, qui propose 60 000 francs belges. À la banque, on commence à chipoter, à me demander des garanties que je n'ai pas. Je traverse la rue pour me rendre à la Générale. La femme derrière le guichet me demande ma carte d'identité. Elle la regarde et me dit : « Ah ! les gens de cette année-là ne mentent jamais. » Je suis né la même année, le même mois et, à quelques jours près, j'ai la même date de naissance qu'elle. Je ne la connais « ni d'Ève ni d'Adam ». Elle me donnera le double, 120 000 francs belges. Je peux arrêter mon activité de taximan. Je suis littéralement soulagé, car je travaille de nuit pendant la semaine et souvent en journée durant les week-ends. C'est très lourd physiquement. De plus, je suis papa et aussi un mari. Cet argent me permettra de continuer à vivre sans devoir m'éreinter. Je ferai mon stage de dernière année à Orléans, pendant deux mois dans une entreprise spécialisée en énergie renouvelable. Je reviens toutes les deux semaines pour être près de ma famille.

C'est là-bas que je commencerai à bosser sur mon travail de fin d'études : une éolienne à axe vertical à contrat rotatif. Les éoliennes produisant de l'électricité sont appelées aérogénérateurs, tandis que les éoliennes qui pompent directement de l'eau sont parfois dénommées éoliennes de pompage ou pompes à vent. Le moulin à vent est une forme ancienne d'éolienne.

À côté des éoliennes classiques à axe horizontal parallèle à la direction du vent, on trouve également des éoliennes dont l'axe est perpendiculaire à la direction du vent.

Lors de la présentation de mon projet de fin d'année, un de mes professeurs me conseille de défendre mon mémoire l'après-midi et, dès le matin, d'aller déposer un brevet. Pour rappel, un brevet est un titre de propriété industrielle qui accorde à son titulaire, l'inventeur, le monopole d'exploitation sur l'invention brevetée à compter de la date de dépôt et pour une durée maximale de vingt ans. Ce que je fais. Mon travail sera reconnu et très bien coté.

10
Ingénieur industriel en aéronautique

En 1988, je suis ingénieur industriel, « section aéronautique ».
J'aurai enfin terminé mes études. Mon objectif est atteint. Un petit pincement au cœur à ce souvenir, car je n'accéderai pas à la distinction. Mon rythme effréné ne m'en a pas donné la possibilité. Ma priorité, c'est désormais la famille. Christel voit le jour en 1984, Vincent en 1986. François n'est pas encore né, il pointera le bout de son nez en 1989.

Fraîchement diplômé, je serai immédiatement embauché à l'École des arts et métiers à Erquelinnes. Je prendrai mon train à la gare du Nord, je descendrai à Charleroi et, de là, je prendrai un minibus, et ce, pendant une année scolaire complète. Je serai professeur en mécanique, physique et électricité pour les élèves de cinquième et sixième technique. En même temps, je continuerai à regarder les offres d'emploi.

Je serai appelé simultanément par Caterpillar à Charleroi ou DHL, European Air Transport (EAT), à Zaventem. Mon choix sera simple, me rapprocher de Bruxelles.

Je suis reçu par la responsable des Ressources humaines, Mme Vera Van Malderen. Nous parcourons ensemble mon CV et elle me questionne sur mon expérience professionnelle.

Engagé comme « Stores Controller », je serai responsable d'une dizaine de travailleurs. Une équipe qui a travaillé 24 heures sur 24. Vera me dira clairement : « Monsieur Kompany, à ce poste, vous serez l'unique responsable, la personne de référence, seul votre rapport compte pour moi. »

Effectivement, mon travail consiste dans le stockage des pièces des avions, livraison des pièces aux mécaniciens, contrôle des pièces à envoyer en réparation… 24 heures sur 24, splittées en trois shifts. Je m'assure également des horaires. Je commence très tôt le matin avec la première équipe et je reste un peu plus longtemps avec la deuxième, ou alors j'arrive plus tard et reste jusqu'à l'arrivée du troisième shift. Je peux être appelé à travailler la nuit, s'il y a des urgences ou des problèmes. Ce qui arrive parfois… Ma responsabilité est évidente. Je réponds de tout sur vingt-quatre heures !

Dans ce milieu professionnel existent des personnes qui ont encore des problèmes « épidermiques » avec « un Noir », un collègue en particulier. Ce travailleur viendra chercher des pièces bien précises, celles qui sont écrites « noir sur blanc » sur sa feuille de route. Il exigera de voir le chef, alors que je me tiens debout devant lui. Il me posera toutes sortes de questions, pour m'enfoncer. Je le vois venir de loin… Je finirai la conversation en lui disant : « C'est tout ? »

« S'il revient, tu lui diras de passer par son chef. » C'est l'ordre que j'ai donné au magasinier afin de rééquilibrer la relation.

Le magasin, c'est l'endroit où l'on dépose des pièces qui doivent être réparées, taguées d'un carton rouge, là où l'on vient récupérer de nouvelles pièces à placer sur les avions, taguées d'une étiquette verte. En aucun cas, elles ne doivent être mélangées.

Lors de mon contrôle régulier dans le hangar, je remarque qu'une pièce sortie du magasin se retrouve au même endroit que les pièces venant directement de l'avion. Les rouges et vertes sont, pour faire plus simple, mélangées. Quand j'arrive en face de lui, je lui dis : « C'est quoi ça ? C'est une faute grave, je sais que tu fais ça assez souvent. » Ce n'est pas dans ses habitudes et il travaille très bien. J'ai l'ascendant sur lui et je lui parle comme il m'a parlé. À cet instant, il me craint, il sait que je peux faire un rapport... que je ne ferai pas. Le temps passe et notre relation s'adoucit. Un jour, il vient me voir et me demande : « Tu peux me rendre un petit service ? »
– « Lequel ? »
– « Tu peux me trouver un calendrier ? »
– « Un calendrier ? »
– « Oui, un calendrier de femmes noires... nues ! »
J'éclate de rire... et je lui dis : « Les femmes déjà accrochées au mur, les brunes, les blondes, cela ne te suffit pas ? »

Il ne recevra jamais son calendrier. Même si je le voulais, je n'aurais pas su où en trouver. Par la suite, il m'est devenu plus proche et ne manquera pas de venir me saluer chaleureusement.

Cela vient confirmer ce que je dis sans cesse : « Si je dois vivre avec un raciste, c'est lui qui finira par m'écouter et par m'accepter. »

Après cinq ou six ans de service à ce poste, je passerai « Quality Engineer » et serai responsable de la certification. C'est la période où l'imposition de chaque pièce doit être certifiée ISO. Dans l'aviation, c'est un métier très minutieux, très strict et extrêmement procédurier. Je resterai en tout près de dix ans dans cette multinationale. Je partirai d'un « commun accord » et serai licencié. Je recevrai une belle somme d'argent et j'aurai également droit à un bureau que je pourrai occuper pendant un an pour la recherche d'un nouvel emploi. J'en profiterai pour m'occuper de mon éolienne. Jusque-là, je n'en ai pas eu le temps.

11
Médaille d'or au Salon des Inventions

C'est en 1997 que je serai médaillé d'or au Salon des Inventions de Bruxelles et, l'année d'après, à celui de Genève pour mon prototype d'éolienne.

Dans la même année, un ami, professeur à Waremme, Claude Lombart, connu dans le milieu des énergies renouvelables qui a eu l'idée « d'intégrer les techniques d'épuration et de filtration de l'eau pour alimenter les pays du tiers-monde », me propose de l'accompagner au salon Pollutec. Salon basé à Paris et qui se positionne comme « l'événement de référence pour les professionnels de l'environnement. C'est une vitrine des solutions environnementales pour l'industrie, la ville et les territoires, et un tremplin pour les innovations du marché et le développement à l'international ». Le marché sera simple : j'exposerai mon éolienne et je serai présent sur le stand pour que l'on puisse se relayer. Pour ma plus grande joie, mon éolienne est retenue comme « invention innovatrice ».

Claude Lombart

Waremmois, il parcourt le monde avec son invention pour donner de l'eau potable aux plus démunis.

« Sur les pistes de Port-au-Prince, de Villard, de Gressier ou encore de Saint-Marc ou de Café Lompré, l'homme trimbale sa chevelure grise et son sourire Pepsodent avec la même aisance. C'est que Haïti, Claude Lombart connaît. Il y multiplie les projets d'assainissement et de purification d'eau depuis deux décennies. Au point que dans les plus retirées des bourgades du pays, son arrivée provoque à chaque fois des attroupements [...] Et ces célébrations, le Waremmois n'y a pas droit qu'en Haïti. Elles se répètent aussi au Congo, en Guinée Conakry ou encore au Vietnam ou au Kurdistan. Notamment.

Pourtant [...] rien ne prédestinait ce professeur d'automatisation de l'institut polytechnique de Seraing à devenir un bourlingueur. Jusqu'à ce qu'il fasse une rencontre, début des années 80. À ce moment, un ingénieur chimiste qui est aussi traducteur, Norbert Vanderbeck, a l'idée d'intégrer les techniques d'épuration et de filtration de l'eau pour alimenter les pays du tiers-monde. L'homme travaille avec des cylindres et des bidons mais si le principe est bon, il n'arrive pas à le finaliser [...]

Survient une autre rencontre. *"Celle avec un homme fantastique qui est devenu un ami : Jean-Pierre Grayet."* Il développait un projet visant à donner l'accès à l'eau potable à certaines communautés d'Artibonite, une région du Nord-Ouest d'Haïti, bordée par l'océan Atlantique. Pour Claude Lombart, c'est la révélation. Il veut continuer et aider d'autres

> populations en manque d'eau. Mais l'argent manque. Car la fabrication d'une station revient à 27 000 euros [...]
>
> Depuis vingt ans, Lombart avance en se faisant fort de rester indépendant. C'est pour ça qu'il a tenu à ce que sa société soit une coopérative à vocation sociale et non économique. Aujourd'hui, toujours établie à Waremme, Altech emploie quatre personnes plus une à Dakar et des indépendants en Haïti, au Nicaragua, au Congo. Ce sont eux qui établissent les projets sur place et qui en étudient la faisabilité. Reste ensuite à trouver le financement. Une étape facilitée grâce au partenariat que Lombart a noué voici un an avec Jean-Denis Lejeune et son asbl Objectif Ô, retenue vendredi par la Loterie nationale parmi les 43 projets humanitaires répondant aux objectifs du millénaire (1 million d'euros chacun). Par sa notoriété, Jean-Denis Lejeune devrait permettre de faire pousser des Hydropur chez les populations oubliées [...]. »
>
> Le Soir (www.lesoir.be), mis en ligne le 22/12/2008 par Frédéric Delepierre.

En 1999, Valérie-Anne Giscard d'Estaing, responsable en ce temps-là de l'édition du *Livre mondial des inventions*, me téléphone pour que mon invention soit présentée dans la collection. Elle finit par me convaincre et j'accepte de figurer dans l'ouvrage.

Parallèlement, de mon bureau qui m'a été gentiment mis à disposition, je continue ma recherche d'emploi et j'envoie quelques CV. Je passe une interview dans une société à Wavre, expérimentée dans les moteurs électriques pour portails. Un poste de remplacement est à pourvoir, celle faisant fonction partant pour un congé de maternité et devant me former avant son départ. Lors de mon entretien, elle me montre beaucoup d'animosité et n'a « pas le temps de m'expliquer toutes les fonctionnalités et tous les rouages du métier », me dira-t-elle. Ce qu'elle ne sait pas à cet instant, c'est que ce travail, c'est celui que mes hommes ont fait chez DHL. Mes compétences et mes capacités dépassent de loin leurs exigences…

Son visage, son expression, son premier mot me suffisent pour comprendre dans quelle direction on va… Raciste ou pas, je ne le saurai jamais, et ça m'est égal…

Je suis appelé à passer un entretien avec une société à Leuven. Elle travaille avec le Congo, Mobutu… Ce n'est pas une bonne idée pour de nombreuses raisons que je n'ai pas besoin d'expliquer, tant elles sont transparentes et lucides.

Je prends le temps de m'investir de plus en plus dans mon projet d'« éolienne », ayant l'intention de le commercialiser.

Je travaille avec et dans les ateliers de la SNCB à Pont-à-Celles où je construis une éolienne. À la suite d'un accord avec la commune de Rochefort et son bourgmestre, qui, comme moi, est socialiste et ingénieur, j'ai l'opportunité de l'installer sur un pylône. L'information étant relayée dans la presse, je suis contacté par une entreprise installée à Le Rœulx, sur la route de Mons. Elle me propose de fabriquer mon éolienne dans ses ateliers. En visitant le site se présente la possibilité d'y placer une, voire deux machines. On commence à discuter, à planifier… Qui fera quoi ? Mais le projet stagne… et il n'y aura pas de suite. Je décroche également un subside de la Région bruxelloise sur les dépenses réelles de la fabrication de ma machine. Je crée une petite entreprise d'économie sociale, Éco-Turbines, et m'inscris au Centre d'entreprises Euclides, rue du Chimiste à Anderlecht. Quelque temps plus tard, je reçois une lettre de la société située à Le Rœulx. Je sens très vite le piège venir… Le risque que la société veuille s'approprier mon travail et le subside y afférent, qu'elle fasse allusion à une convention qui n'a jamais existé, ou encore qu'elle m'attaque en justice... Je fais instantanément appel à Roger Lallemand, avocat et homme d'État socialiste belge. C'est son cabinet qui répondra par courrier à cette entreprise. Je ne veux prendre aucun risque. Le nouveau manager de cette boîte s'entretiendra de manière anonyme avec moi et me préviendra de la situation interne de la firme et des mauvaises intentions des propriétaires : ils ont agrandi et modernisé l'usine, ont mis en place de nouvelles infrastructures. Or la relève ne serait pas assurée, leurs enfants ayant d'autres projets pour leur avenir. Ils ont l'intention de dilapider leur capital avant d'engouffrer mon projet et son subside. Je me dirige tout droit vers des problèmes et je devrai certainement en endosser la responsabilité financière. À la suite de la correspondance de mon avocat, la société se calme rapidement... Silence radio !

Avec les élections, la majorité change, je ne peux pas laisser l'éolienne à Rochefort. Et cela me convient parfaitement, les trajets ne faisant pas bon ménage avec ma situation familiale.

Durant ce parcours, je rencontre des Sedanais. Sedan est une commune française située dans le département des Ardennes, en région Grand Est. Là-bas aussi, on s'intéresse à mon projet. De leur côté, ils expérimentent une éolienne placée sur l'eau dans la région de Nancy. Leur but est d'oxygéner l'eau. Faute de vent pour remuer l'eau réchauffée par des températures supérieures à 30 degrés, l'oxygène finit par disparaître du fond des étangs, là où il assure la décomposition de la vase et la survie des espèces. Le système des « éoliennes aquatiques » est simple : les pales rectangulaires, entraînées par le vent, font tourner une hélice sous l'eau. Le système provoque une lente aspiration de l'eau du fond, là où l'oxygène est devenu le plus rare. La rotation de l'hélice ravitaille les bactéries qui se chargent de dégrader la vase. Celles-ci peuvent croître et se multiplier.

Les Sedanais utilisent une éolienne à axe horizontal, et, quand le vent devient plus fort, elle se renversa. Elle n'est pas encore au point. Quant à mon éolienne, elle est à axe vertical et donne la certitude de ne pas chuter, car elle n'atteindra jamais la même vitesse que celle à axe horizontal. Elle peut résister aux vents turbulents en milieu urbain.

C'est ainsi qu'on me propose de créer des petites machines dans l'atelier à Sedan afin de remplacer celles qui sont placées à Nancy. J'ajoute à mon brevet l'élément de flottaison. Une éolienne flottante…

Ma situation familiale ne me permet cependant pas d'être à temps plein à Sedan. Pour ne pas prendre le risque, une fois de plus, que mon projet soit repris par d'autres, je veux pouvoir en suivre l'évolution et être maître de mon travail.

Parallèlement, les étangs d'Anderlecht connaissent une vague de botulisme. Des pompes y sont présentes, mais elles sont bien trop énergivores. Et le système en place utilise un tube qui envoie de l'air sous pression et qui entraîne le développement d'algues qui consomment l'oxygène. Celles-ci meurent et pourrissent, ce qui provoque un phénomène d'eutrophisation, accentué par la chaleur. Un contexte particulièrement apprécié par la bactérie responsable du botulisme.

Une énième personne, un indépendant commercial, M. Sleuten, qui a entendu parler de mon invention, prendra contact avec moi. Il a de l'argent et souhaite investir dans le projet d'éolienne aquatique. Nous nous entendrons directement. Je construirai mon prototype dont l'objectif est de déstratifier le plan d'eau. L'étang étant composé de différentes couches qui ne communiquent pas entre elles, à 70 centimètres de profondeur, l'eau est pratiquement dépourvue d'oxygène. Le rôle de l'éolienne sera d'actionner les hélices immergées qui entraîneront un brassage de l'eau et une réoxygénation. C'est un projet pilote. À la demande de la commune, des analyses sont effectuées dans l'étang et déterminent l'influence de l'engin et, donc, ses potentialités d'exploitation. Constat est relevé que, près de la machine, une amélioration est visible, d'où le fait que les canards s'en rapprochent fortement et y trouvent de quoi se nourrir. Nous ne pourrons malheureusement pas le démontrer à grande échelle. L'éolienne sera transférée vers un autre étang et y restera presque dix ans, dans l'eau, sans se détériorer. Il y a quelques mois, l'éolienne a été sortie de l'eau pour être entreposée sur la terre ferme par les services communaux. C'est presque devenu un « petit monument ». Pour ma part, je suis satisfait. Mécaniquement, les preuves ont été faites.

L'éco-éolienne amarrée

Le projet pilote antibotulisme brasse l'eau d'un étang anderlechtois.

« [...] De semaine en semaine, les victimes s'amoncellent tant sur les berges que dans les journaux. La forte chaleur que notre capitale a connue ces derniers jours entraîne des conséquences néfastes sur les plans d'eau bruxellois, transformés en autant de bouillons de culture, terrains de prédilection pour le développement du botulisme. Poissons, canards et autre faune des étangs y paient un lourd tribut.

Pour y remédier, la commune d'Anderlecht a décidé de développer un projet pilote : une éco-éolienne. Cette invention, qu'on doit à l'esprit fertile d'un Bruxellois, Pierre Kompany, présente, certes, un look qui n'est pas sans rappeler les gadgets de Gaston Lagaffe. Une différence de taille, toutefois : elle... elle fonctionne !

> Pesant 150 kg, l'éolienne est constituée d'une structure tubulaire montée sur flotteurs qui porte huit pales tournant à l'horizontale au gré du vent. Quatre dans un sens, quatre dans l'autre, pour équilibrer la structure par grands vents. Cette rotation entraîne une turbine reliée à des disques installés sous la ligne de flottaison. Les disques, animés, brassent l'eau grâce à la force du vent ! L'eau ainsi agitée peut alors se réoxygéner et redonner vie à ses habitants. Et la machine fonctionne déjà avec un vent de 5 km/h !
>
> Pierre Kompany croit depuis des années à son projet. Cet ingénieur en avait même fait le sujet de son mémoire de fin d'études. *"Cette technique est en fait déjà utilisée avec succès dans un village situé près de Nancy, en France. Mais je l'ai perfectionnée en rééquilibrant la machine, explique l'inventeur. Son avantage ? Elle fonctionne sans électricité, en autonomie. Ce qui permet de brasser l'eau au coût seul du prix d'achat"* [...].»
>
> La Dernière Heure (www.dhnet.be), mis en ligne par P. D.V. le 29/08/2001.

Cette dernière rencontre débouche sur une très belle amitié. M. Sleuten est plus âgé que moi et me dira souvent : « Tu es le fils que je n'ai jamais eu. » Il y a des surprises dans la vie, des chemins qui se rencontrent et qui font que votre vie s'enrichit. La magie des relations humaines. À ce sujet, j'ai d'ailleurs une anecdote à vous livrer.

À l'époque de mon divorce, dans les années 2000, en 2002 plus précisément, je dois vendre ma voiture, une Ford Galaxy. C'est nécessaire. Mon cousin me donne sa voiture, une Honda Civic pour presque rien. Ça me permet de continuer à conduire mes enfants. Je passais beaucoup de temps avec M. Sleuten, car nous avançons dans notre projet. Pour m'aider, il met à ma disposition une BMW 6 cylindres, une voiture bien plus puissante, que je prêterai régulièrement à une famille, également des amis, dont les enfants s'entraînent avec Vincent. Le papa a accepté de transférer son fils à Eindhoven. Il pourra dès lors faire la route avec ce gros cylindré sans peine. Ce joueur n'est autre qu'Yves Makabu-Makalambay[22].

J'ai toujours été sidéré par les interactions existantes entre les êtres humains. Je suis encore surpris de nos jours…

Enseignant dans l'âme, je suis professeur de 2002 à 2012, avant d'être pensionné et proclamé « professeur honorifique ».

À l'École des arts et métiers, on cherche un professeur en mécanique, hydraulique et pneumatique pour les classes de cinquième, sixième et septième technique. Pour compléter mon horaire, je donne cours de « dessin industriel » aux élèves de troisième et quatrième également. Quand j'ai enseigné dans cette école, nous sommes partis par deux fois à Barcelone. Une partie « sponsorisée » par Vincent, et l'autre prise en charge par la famille des étudiants de cinquième et sixième. J'en garderai quelques souvenirs, bien enfouis au fond de ma mémoire…

L'un d'eux concerne un voyage mixte. Une jeune fille marocaine est venue timidement me prévenir qu'elle ne pourra pas participer à ce voyage. Elle m'avoue qu'elle enlève son foulard dès qu'elle arrive à l'école et le remet pour rentrer chez elle. Elle me dit aussi que sa religion lui interdit de voyager seule, sans son fiancé ou un membre de sa famille. Je ne suis pas

---

22   Yves Makabu-Makalambay s'affilie d'abord au RSC Anderlecht puis rejoindra le PSV Eindhoven en 2002. En fin de saison, il décidera de partir pour le club écossais d'Hibernian qui lui offrira une place de titulaire. En 2010, il sera recruté après trois semaines de test par le club gallois de Swansea City pour la saison 2010-2011. En 2011, il s'engagera avec le FC Malines jusqu'au terme de la saison en tant que deuxième gardien. Après un an sans jouer, il signe un nouveau contrat de deux ans avec le Royal Antwerp FC, en Division 2 belge (« Yves Makabu-Makalambay », *Wikipédia*, mis à jour le 21/07/2019).

choqué, mais déçu. Elle est brillante, éveillée, et s'est imposée dans un environnement de garçons. Ils la respectent. Lors de mon deuxième voyage, qui est aussi mon deuxième souvenir, je devrai l'écourter pour des obligations politiques. Mais j'en serai toujours responsable. On m'appellera pour me prévenir que les élèves « ont foutu le bordel » dans l'hôtel et qu'ils doivent « dégager ». Certain qu'ils ne peuvent pas être les auteurs de ce grabuge, pour la bonne raison qu'ils connaissent l'enjeu de ces voyages : instaurer une confiance qui leur permettra de proposer ce genre d'activité et de répondre à leurs attentes en termes de voyage scolaire. Effectivement, j'ai raison. Une autre colonie, venant du Canada, a l'habitude de voyager dans cet hôtel. Ce sont eux qui ont fait du bruit chaque nuit dans la piscine de l'hôtel, je les ai vus de mes propres yeux. Le concierge, originaire du Maroc comme la plupart de mes élèves, les incriminera pourtant. Il se retournera contre les siens. La nature humaine se révèle une fois encore…

Du point de vue politique, en 2002, je suis militant au sein de la plus grande section socialiste, celle de Bruxelles. Mes soirées sont rythmées par les allers-retours entre chaque « activité » sportive que mes enfants pratiquent. Je ne peux pas m'investir plus. Dans un coin de ma tête, je sais que, lorsque mon petit dernier, François, prendra son envol et son indépendance, je veux dire par là qu'il aura son permis de conduire et une voiture, je serai libre d'engagement politique plus intense. Jusque-là, j'ai voulu assumer et assurer ce rôle de père. Accompagner son enfant dans le sport, c'est apprendre à le connaître. C'est être près de lui dans ses moments de doute, ses moments difficiles, ses tristesses, mais aussi ses joies, ses réussites et surtout être spectateur, au premier rang, de son développement personnel.

Je passerai à la section de Bruxelles, dans les années 2003-2004. On achètera la maison rue Georges Simpson, celle que j'habite toujours aujourd'hui.

12
Jo et moi

Quand je suis à l'université, ma façon de penser évolue. Je suis un homme. J'ai un certain succès. Je suis commandant, footballeur... jeune et beau (c'est ce qu'on me dit), mais je ne butine pas de fleur en fleur, ce n'est pas du tout mon genre. Quelques amis sont de véritables compétiteurs, des vrais « coureurs de jupons ». J'aime beaucoup aller danser et me retrouver avec mes complices pour passer du bon temps. Je suis habituellement le « BOB » des réjouissances. Je ne bois pas. Je ne bois toujours pas... Je n'ai jamais bu une goutte d'alcool, ni fumé d'ailleurs. Beaucoup sont étonnés. Mes camarades ont toujours le souvenir que je buvais comme eux, mais non ! « Pour moi, ce sera un coca... et une eau pétillante. » Je n'ai pas besoin d'infusion alcoolisée pour que ma langue se délie, pour accoster la gent féminine ou pour m'amuser. Mais loin de moi un quelconque jugement sur ceux qui boivent un coup. Selon moi, chacun est libre de ses choix.

Je ne suis pas timide. J'ai grandi entouré de femmes et c'est encore le cas aujourd'hui. Dans mon éducation, la femme ne doit rien à l'homme en ce qui concerne sa propre vie. Elle est sur un même pied.

J'ai certes une petite copine à l'époque, mais ce n'est pas officiel, je ne veux pas me fiancer et m'engager. Son père, major, veut me rencontrer. Certainement désire-t-il que j'épouse sa fille. Elle aussi l'espère. À cet instant, pour moi, c'est fini ! Notre relation s'achève. Pas de pression, aucune ! On ne me force à rien. Je suis en dehors des sentiers battus. Beaucoup de jeunes hommes de mon âge se marient, quittent le domicile parental pour s'installer à deux alors qu'ils n'ont jamais vécu ensemble et qu'ils ne se connaissent pas vraiment. Ils passent de l'état de célibataire à celui de personne mariée, d'enfant à celui d'adulte. Ils se marient, fondent une famille, et la vie continue...

Ma façon de penser et de vivre est en dehors du cadre bien établi. Je ne souhaite pas ce que les autres ont.

Ma grand-mère blague souvent à ce sujet. Elle me charrie : « Tiens, celle-là me plaît bien, tu peux te marier avec elle. » Quand j'étais enfant, je m'en souviens, ma grand-mère me surnommait « mon mari ». C'était coutumier. C'était normal.

Avant de rencontrer celle que je vais épouser, je suis libre. En Belgique, j'ai des « amourettes », mais rien de sérieux.

Et jamais je ne me mettrai en couple pour avoir les papiers, c'est hors de question !

Quand je rencontre Jocelyne en 1980, j'ai 33 ans. Elle est de neuf ans ma cadette. Comme je l'ai déjà précisé, je sors beaucoup avec des amis dans des soirées privées, des « boums ».

Cette nuit-là est particulière, une fête près de Tour & Taxis.

Je la vois. Elle se distingue tout de suite. Elle est différente. Elle me captive.

À mon âge, j'attache beaucoup d'importance aux valeurs. Je sais ce que je veux et surtout je sais ce que je ne veux pas ! J'ai un sentiment particulier. Un sentiment de bien-être. Je veux aller plus loin avec elle. J'ai envie de me poser et de m'engager, de construire ma propre famille.

On se trouve très rapidement beaucoup de points communs, dont un qui me fait toujours autant sourire. Un matin, nous devons sortir et nous sommes assez pressés... Dans la précipitation, elle me dit : « Attends, je dois vite faire le lit ! » Je serai curieusement surpris. L'armée m'a laissé certaines traces, certaines habitudes, dont une en particulier : faire mon lit tous les matins. Jocelyne n'a pas connu l'armée, mais elle a exactement la même attitude, le même rituel. « S'il doit m'arriver quelque chose, et que des gens doivent venir chez moi, je ne veux pas que l'on trouve mon lit défait. Je serai mal à l'aise. » Je me fais la réflexion : « Elle ne sera pas là pour le voir ! » Quand j'y pense, j'en rigole encore.

Notre relation évolue hâtivement. Cette fois, c'est du sérieux... c'est elle, je le ressens au plus profond de moi. Je ne me pose aucune question.

Nous sommes ensemble depuis peu quand je reçois mon ordre de quitter le territoire. Elle sait déjà qui je suis, je lui ai raconté mon histoire.

Étant de gauche, comme moi, elle ne supporte pas les injustices sociales. Le hasard fait bien les choses. Je suis face à une jeune femme qui tient, par rapport aux autres, un tout autre langage. C'est un être humain hors du système. Entre nous, c'est simple, fluide. Nous pouvons passer des heures à discuter de la politique et de l'actualité.

Elle est enfant unique et rend visite à ses parents très souvent. Ils sont originaires de Champlon, dans la région de Marche-en-Famenne. Un jour, elle me propose de venir la rejoindre et de rencontrer ses parents. Il n'y a pas de GPS, elle me donne donc toutes les indications pour la retrouver. Je démarre ma BMW blanche, avec la musique à fond. Distrait, je passe Champlon et me retrouve plus loin, à Tenneville. Je reviens sur mes pas. Quand j'arrive sur le parking juste devant la maison, ils sont tous les trois debout, derrière la fenêtre… ils pensent certainement à l'heure… Je suis en retard, comme à mon habitude. Cela n'empêche que j'ai droit à des grandes embrassades de Papy, son papa, qui est policier, et de Mamy, sa maman, qui travaille dans une usine. Il s'agit de ma première rencontre avec ma belle-famille. Une famille unie comme la mienne et qui m'a complètement accepté.

J'ai la chance aussi de rencontrer son grand-père, nonagénaire, qui habite aux alentours de Neufchâteau. Notre rencontre est digne d'un sketch.

Lorsque je le vois pour la première fois, il me salue. Dans le creux de l'oreille de sa petite-fille, il chuchote :
– « Jo, c'est ton ouvrier ? »
Elle éclate de rire : « Où tu as vu ça, toi ? »
– « C'est qui lui alors ? »
– « C'est celui qui va devenir mon mari. »

Aucune mauvaise intention, il est d'un certain âge, ce sont juste des idées reçues. Et moi je suis mort de rire…

Elle est venue à Bruxelles pour commencer des études de traductrice qu'elle ne terminera pas. Graduée en secrétariat de direction, elle commence à travailler à l'Orbem, qui deviendra plus tard Actiris. Une fois qu'elle a son job, elle décide de recommencer des études à l'UCL, une licence en sciences du travail. Elle réussit les examens, juste avant la naissance de Christel, mais ne présente toutefois pas son travail de fin d'année. Jocelyne sera nommée dans l'administration publique et en deviendra chef de service. Elle est également déléguée du syndicat socialiste francophone, et ce, dès le départ.

Lorsque je la fréquente, elle habite un petit appartement d'une chambre dans un des immeubles de l'Héliport. Pour ma part, je suis passé de ma petite mansarde à un entresol juste en face de la clinique Saint-Michel.

En 1981, on décide de s'installer ensemble, chez elle à l'Héliport. Jocelyne attend notre premier enfant, une petite fille. Elle l'a appris lors d'une simple visite de routine chez sa gynécologue. Quand elle me l'annonce, c'est un vrai moment de joie.

Enceinte de six mois, alors que nous sommes en visite dans sa famille, à la barrière de Champlon, elle ressent de fortes contractions. Nous nous rendons de toute urgence à l'hôpital le plus proche, celui de Bastogne… mais c'est trop loin et, surtout, c'est trop tard.

On perdra notre premier bébé. Nous devons déclarer le décès de notre petite fille. On avait choisi son prénom : Isabelle Mpanda Ngila Kompany, qui veut dire « qui ouvre la voie », « qui est la première ». Elle est enterrée au cimetière de Champlon, dans le même caveau funéraire que la famille Fraselle. C'est une épreuve très difficile. Une épreuve de la vie… que l'on surmonte à deux.

En 1982, je reçois enfin mes papiers. Je suis content, mais je ne fais pas la fête. Cela me revient de droit, depuis longtemps. Enfin débarrassé de ce poids, je suis libre. Je peux également me marier sans aucune contrainte ni obligation.

Et c'est ce que l'on fera ! On se marie à l'hôtel de ville de Bruxelles le 24 septembre. C'est l'époque où les voitures peuvent encore rouler sur la Grand-Place. C'est un moment de pur bonheur.

Mon témoin est Noel Obotela Rashidi, un ami qui est venu en Belgique faire son doctorat d'histoire, et, du côté de Jocelyne, c'est Joëlle Englebert, son amie d'enfance.

Une centaine de convives font la fête, famille et amis confondus, jusqu'au bout de la nuit. Mes parents ne sont pas présents. Le voyage est compliqué, mais ils nous félicitent de loin et sont ravis pour nous.

Peu de temps avant notre mariage, Jocelyne s'est rendue au Congo pour rencontrer ma famille. Je tiens à ce qu'elle entreprenne ce voyage avant de m'épouser, car je ne veux pas que le nom Kompany figure sur son passeport. Je souhaite lui éviter des désagréments et des soucis : lorsque nous seront mariés, elle portera mon nom et je ne sais pas ce qu'il peut arriver une fois sur place. Elle y reste un mois. Elle en profite pour s'imprégner des particularités de mon pays et faire la connaissance des miens. En pagne, elle va sur les marchés et on la surnomme « *mundele* », ce qui veut dire « la Blanche ». Elle allait épouser le fils aîné d'un chef. Les membres du clan devaient la rencontrer. Qui a réussi à voler mon cœur ? Cette expérience m'a permis de maintenir malgré tout un lien certain avec ma famille.

Jocelyne est enceinte. Nous sommes à nouveau très heureux, mais la vigilance est de mise. Un petit peu angoissés, on ne fait plus de longs trajets. C'est la famille qui vient à nous.

Christel voit le jour le 15 mars 1984 à l'hôpital de Braine-l'Alleud. Être père, c'est très simple pour moi. Je suis dans une logique africaine. Chez moi, c'est inné. J'ai la fibre paternelle, n'en déplaise à ma femme. Je donne les premiers bains à la petite, je la change, sans aucune peur ni réticence.

Mes enfants sont tous les trois baptisés à Champlon dans les Ardennes. Nous décidons que les parrains et les marraines doivent être choisis ensemble et être représentatifs de notre famille. L'un du côté de Jo, l'autre du mien. De ce fait, Pascal est choisi pour être le parrain de Christel et Joëlle Englebert, sa marraine. Le choix des prénoms se fait d'un commun accord.

Le prénom Christel est choisi grâce à la série *Dynastie* qui a un réel succès en ce temps. Krystle Carrington, la femme de Blake Carrington. Elle prend aussi le prénom de Ginette, qui est la maman de Jocelyne, et Nabugoma, le prénom de ma maman. On y rajoute Diba, qui veut dire « soleil » dans la langue de mon pays d'origine.

Vincent s'appelle Jean, comme le papa de Jocelyne, et Mpoy qui est le post-nom de mon père. Ça lui arrive parfois de signer « Mpoy » quand il poste quelque chose sur les réseaux sociaux. Il naît le 10 avril 1986 à Uccle. Je me souviens que, par manque de place, Jo est dans une chambre double. Elle la partage avec une jeune femme métisse qui ne supporte pas les « singeries des Blancs », comme elle le dit. Une raciste… envers les Blancs. Elle a vécu le malheur des enfants métisses au Congo. Elle nous raconte ses souffrances et son histoire. Elle ne trouve pas sa place dans la société où elle vit. Nous sommes comme des éponges et nous essayons au mieux de l'écouter et de l'accompagner. C'est le parfait exemple du « couple Jocelyne et Pierre ».

La marraine de Vincent, Bernadette, est la cousine de sa maman, et son parrain est Pierre Kabamba (le professeur à l'université du Michigan) ; ce dernier étant aux États-Unis, c'est Jamar Nkoji-Mukendi qui se substitue à ce rôle.

Notre petit dernier, François, pointe le bout de son nez le 28 septembre 1989. François Valérien, comme le prénom de mon cousin dont j'ai toujours été très proche. Il est plus âgé que moi. Quand je commence ma première secondaire, c'est lui qui, de Kinshasa, m'enverra des cahiers neufs et du matériel scolaire… je m'en rappelle très bien.

Mukuna est son post-prénom congolais. Mukuna, c'est le petit frère de mon grand-père paternel qui n'a pas eu d'enfant. Chez moi, ceux qui n'ont pas d'enfant, il faut les rappeler pour ne pas les oublier. La lignée…

Mukuna veut dire au départ « montagne » et, chez les Kasaïens, Mukuna Nyunyi Kabuka Buka, qui veut dire « l'oiseau qui vole, qui vole, qui vole », est interprété comme quelqu'un d'insaisissable.

Les post-noms africains donnés à nos enfants ont toujours une signification. Ils lient l'âme et la vie de notre descendance à celles de nos ancêtres et peuvent influencer leur destinée.

La marraine de François est ma cousine, Jeanine Hankart, la fille de Tante Cécile, la première qui m'a porté à ma naissance pour éviter le sort et les mauvais regards. Son parrain, c'est le cousin de Jocelyne.

Notre petite famille est donc un beau « melting-pot ». Être issus de deux cultures différentes est une richesse. Nous avons laissé le choix à chacun de nos enfants de se construire, tout en étant les héritiers d'une double appartenance. Ils grandissent dans un environnement basé sur la tolérance et le respect, sans leur imposer l'une ou l'autre culture. Ils n'ont pas de choix à faire. Ils portent la couleur de l'amour et sont capables d'apprécier à sa juste valeur leur « métissage » et d'en faire une force.

Jocelyne, comme moi, détestons la discrimination. Nous sommes très attentifs au traitement déloyal que les enfants peuvent subir.

Nous avons déménagé par deux fois au sein même de l'immeuble de l'Héliport. Notre envie de rester dans ce quartier est plus forte. Nous sommes passés d'un appartement deux chambres à un trois chambres. Les garçons dorment ensemble. Nous sommes certes dans un immeuble social, mais le loyer ne l'est pas. Il combine les familles à revenus normaux avec des familles en difficulté. Nos salaires nous permettent de payer un loyer régulé au prix du marché.

Notre vie s'organise totalement autour des enfants. Nous avons décidé de les scolariser en néerlandais dès le départ. Jocelyne le parle très bien et l'anglais aussi. Elle a une facilité d'apprentissage. Avec le temps, notre choix s'avère être le bon. Mes enfants parlent tous plusieurs langues.

Ils font leurs études primaires à Maria-Boodschap, école située dans le centre de Bruxelles. Christel y entame ses secondaires. L'atmosphère devenant un peu compliquée par rapport à la notoriété de Vincent, ils terminent leurs humanités dans une école différente. Vincent étudie à la Koninklijk Atheneum à Anderlecht. L'établissement scolaire gère parfaitement sa popularité et le protège, quand les médias font les piquets devant l'école, en le faisant sortir par l'arrière. L'école met en place des facilités scolaires pour lui permettre de continuer les cours de manière optimale et de mieux combiner le sport et les études. Le personnel enseignant est bienveillant envers lui. Quant à François, il termine ses études au Lyceum Martha Somers à Laeken.

Jo et moi n'avons pas de point de divergence sur l'éducation. Nous leur avons inculqué un certain nombre de valeurs parmi lesquelles le respect de la différence et l'ouverture à l'altérité.

Je suis strict, mais jamais violent. Quand je dis non, c'est non !

Leur maman se met plus facilement en colère. Plus patient, j'ai une résistance plus soutenue. Mes origines y sont certainement pour quelque chose.

Je me rappelle la première crise de ma fille. Nous sommes à la place Émile Bockstael, où il y a une foire pour les enfants. Christel et Vincent font un tour de manège. Au moment où l'on doit partir, Christel se met à hurler, hurler… Elle ne veut pas descendre et pense m'intimider avec ses cris perçants. Ni une ni deux, je l'« empoigne » et la sors directement du carrousel. Elle continue de brailler, les passants se demandent ce qui se passe. C'est un peu gênant, certes, mais je ne peux pas la laisser faire son cinéma. Arrivés à la voiture, elle se calme. Heureusement, ce n'est pas arrivé très souvent ! Et on a certainement, en tant que parents, tous connu ce genre d'histoire.

Nous sommes sévères, mais nous sommes très proches d'eux. Nous les éduquons dans le respect, l'amour et la discipline.

Je suis devenu père à 37 ans, ce qui est relativement tard à l'époque. J'ai une maturité suffisante, une stabilité émotionnelle et financière qui me permet de gérer ma paternité au mieux. J'ai désiré mes enfants. Mon temps s'organise en fonction de leurs priorités en accordant de l'importance à la famille. Notre couple est très fusionnel. Nous sommes très rarement l'un sans l'autre.

Nous prenons habituellement nos vacances fin juillet-début août. Chaque année, nous nous rendons dans le même hôtel, à La Ciotat. Nous avons connu cet endroit quand nous avons rejoint Christel qui avait 2 ans et qui était partie avec ses grands-parents. Un an après, nous décidons d'y aller avec tous les enfants et cela devient une habitude.

On changera rapidement nos dates. Nous serons dépendants des obligations sportives. Je me souviens d'être parti un 28 ou 29 juin : à notre arrivée, la ville était vide. Le mois d'août est désormais proscrit. Les entraînements de football reprennent mi-juillet, et c'est à prendre ou à laisser, que le joueur soit bon ou mauvais. Celui qui n'est pas régulier risque d'être pénalisé.

Cela fait partie de mon éducation, de ma façon d'aborder les choix que l'on fait. Tu commences quelque chose, tu le finis. La persévérance. Ils doivent être présents pour les entraînements, nous nous adaptons, c'est aussi simple que cela. Et puis, toute l'année, nous nous sommes organisés pour les conduire à chaque entraînement, à l'heure, ce n'est donc pas pour remettre ce principe en question lors des grandes vacances. C'est une discipline. Ou c'est l'enfant qui en souffre. Et j'ai trois enfants qui pourraient en souffrir.

Aujourd'hui, ni Vincent ni François ne sont libres de partir en vacances quand ils le souhaitent. Ils continuent à suivre les règles imposées par un calendrier strict.

Et puis, je dois être honnête, je suis Noir, mes enfants sont métis et je dois y être attentif, malgré le fait que leur maman soit Blanche. Je dois leur donner toutes les chances. Je ne veux pas que l'on vienne me faire remarquer que « le petit » ne joue pas, parce qu'il a passé du bon temps sur la plage. Je veux suivre les règles et ne donner à personne une quelconque excuse.

Aujourd'hui, c'est différent, dans le milieu du foot, plus de la moitié des joueurs est d'origine étrangère, mais cela n'empêche que le favoritisme dû à la couleur de la peau existe encore.

Les vacances, c'est une bulle d'air où nous jouissons pleinement de nos enfants. Un moment de pure qualité. Nous en profitons pour découvrir les environs, dont Monaco et Nice.

Lors de l'un de nos voyages, nous visitons la capitale de la Camargue, Les Saintes-Maries-de-la-Mer. Jocelyne, Christel et Vincent décident de faire une balade à cheval entre mer et étangs. Plus de 1,5 kilomètre de sentiers traversant une mosaïque de milieux camarguais qui abritent de nombreuses espèces animales et végétales. Elle est classée comme réserve de biosphère et parc naturel régional.

François est encore très jeune et ne peut pas les accompagner. Je reste avec lui, dans la voiture, en attendant le reste de la famille, ma tête pleine de récits et de légendes. Je souris en y pensant. Il se dit beaucoup de choses en Camargue, les histoires et les mythes des Gitans sont bien établis.

C'est ce même peuple qui remplit aujourd'hui les rues, les places et l'interminable bord de mer. Nous avons aussi découvert Salin-de-Giraud, une petite ville qui s'est spécialisée dans la production de sel. Elle possède dans ses environs immédiats les plus vastes salins d'Europe, et plusieurs centaines de milliers de tonnes de sel sont récoltées chaque année. Nous sommes impressionnés par le spectacle des camelles, ces « montagnes » de sel blanches de près de 10 mètres de haut.

Nos vacances sont les plus variées possible. Nous partons à la visite de villes, de sites touristiques, d'endroits insolites. Un pique-nique, un *lunch box* préparé par l'hôtel, nous permet de déjeuner où bon nous semble. Chaque soir, nous dînons en famille au restaurant de l'hôtel. Le choix de la pension complète est judicieux. Ce sont de réelles vacuités sans réelles contraintes de temps ni de tâches.

Je n'aime pas beaucoup l'eau. À la piscine de l'athénée royal de Kinshasa, j'ai connu un moment de panique qui me suivra jusqu'à maintenant. Je peux faire une longueur, mais, si je peux éviter de devoir nager, je m'en porte beaucoup mieux. Cela étant dit, en vacances, je vais à la mer presque tous les jours avec mes trois enfants, ne pas y aller serait inconcevable. Pendant que Jo prend un bain de soleil, je joue au ballon avec les garçons. Ils ne savent pas rester longtemps dans l'eau. Ils doivent avoir une balle au pied. Il m'arrive très souvent d'avoir cinq, six enfants qui ne sont pas à moi et qui participent au match sauvage sur la plage. Christel, c'est facile, si vous la cherchez, vous n'avez qu'à regarder si deux grandes jambes sortent de l'eau. C'est un vrai poisson.

Passer du temps en famille est agréable et on y prend du plaisir. On est disponible, à l'écoute, présent et heureux d'être là.

Chacun sort grandi de ces moments, plus fort, pour « affronter » la rentrée.

Du point de vue financier, nous sommes à l'aise. Nous ne manquons de rien. Jo est responsable de son service et je suis manager. On a choisi, comme je l'ai dit, de vivre à l'Héliport. Sur vingt ans, on a payé l'équivalent d'une maison. Mais nous nous y sentons bien et nous voulons que nos enfants grandissent dans un milieu multiculturel où la question des différences – qu'elles soient de culture, de genre, de religion – ne se pose pas. C'est un apprentissage. Au contact de nationalités différentes, on apprend à toujours avoir l'esprit ouvert, à essayer de comprendre le parcours de chacun pour ne pas être dans le jugement. C'est une expérience toujours enrichissante, qui nous permet de relativiser, d'élargir nos perspectives et de voir le monde autrement. Finalement, nous sommes, pour la plupart, issus de mélanges, il suffit généralement de remonter quelques générations pour trouver un ancêtre étranger… Certains seraient très surpris.

Un moment, notre couple s'essouffle… Trop de pression, trop de tensions nous éreintent. On doit être résistant. Les enfants grandissent, les compétitions à répétition et les préjugés des autres personnes viennent quelque peu entacher notre esprit, notamment concernant les horaires… comme cette idée préconçue qu'il faut absolument dîner en famille à 19 heures ! En Espagne, les gens dînent à 22 heures : sont-ils moins performants pour autant ? Donnent-ils moins d'importance à la famille ? D'ailleurs, j'ai gardé cette habitude. Il est très rare que je mange à 19 heures ou 20 heures.

À la longue, tout cela peut atteindre le moral. Surtout que nous n'avons pas l'idée de faire de nos enfants des sportifs professionnels, mais il n'y a pas de demi-mesure. Quand tu commences un sport, tu le fais à fond ou tu ne le commences même pas. Jocelyne ressent le besoin d'exister en dehors de cette « dépendance au sport ».

Il est vrai qu'avec cette pression qui devient omniprésente et mon licenciement de chez DHL, même si j'ai préparé mon départ et que je l'ai financièrement bien négocié, la situation entre nous devient critique.

À cela se rajoutent tout le travail et toute l'énergie que je mets autour de mon éolienne. C'est très prenant. L'invention est un autre monde. Je suis animé par la curiosité, l'intelligence, l'objectivité, l'esprit d'observation, la rigueur, l'inventivité, la persévérance, et, surtout, la passion. Un scientifique est comme un sportif de haut niveau. La journée, je suis très sollicité par mes collaborations, mes rencontres. La nuit, je suis penché sur mes plans, mes schémas, mes travaux de recherche.

Je suis dans ma bulle.

Cependant, Éco-Turbines, nous l'avons créée ensemble. Seul, je n'y serais pas parvenu. La société existe toujours, elle n'est plus active, mais ça me colle à la peau.

Et la vie continue, la vie avec les enfants, les trajets, les compétitions… Je n'imagine pas ce que Jocelyne vit, car je suis pris dans mon engrenage personnel. C'est elle qui « tient la baraque ».

En 2000, nous nous séparons, et, quelques années après, le divorce est prononcé. C'est douloureux.

Les enfants restent avec moi, c'est plus simple et plus facile pour eux. Toute leur vie est organisée à Bruxelles. Je continue à m'occuper d'eux de la même manière. Rien ne change.

Leur maman habite désormais dans la province de Hainaut et travaille toujours chez Actiris. Les enfants en souffrent certainement, car nous avons été en permanence présents à deux, à leurs côtés, mais la séparation s'est bien passée et je ne vois pas l'utilité de ressasser le sujet. Nous n'en parlons pas beaucoup. Les enfants continuent de voir leur maman, mais l'éloignement pèse quand même. François, qui est plus jeune, est le seul à passer parfois des week-ends chez Jo, il a moins d'obligations sportives. Jocelyne ira aider Vincent à s'installer à Hambourg. Dans son unique interview en français, à *Sport Foot Magazine*, elle déclare « qu'elle suivait les prestations de son fils via la télévision. Elle préférait éviter les foules autour du stade. Elle trouvait son fils élégant et beau à voir jouer ; mais elle aimait évidemment son fils, avant le footballeur[23] ».

Nous avons une relation de courtoisie essentiellement basée autour des enfants. S'il fallait se parler plus souvent concernant les enfants, il n'y avait pas de gêne. Elle m'appellera pour me féliciter quand j'obtiendrai mon poste d'échevin à Ganshoren et me rappellera de « ne jamais faire comme les autres ».

En 2004, nous déménageons à Ganshoren, dans la maison où j'habite encore aujourd'hui. C'est moi qui l'ai choisie.

Jocelyne tombe malade. En 2002, on lui diagnostique un des cancers féminins les plus fréquents, le cancer de l'utérus. Elle sera traitée à l'institut Jules Bordet.

Quelques années plus tard, Christel se plaint d'avoir mal aux ganglions. Nous allons chez notre médecin de famille qui lui prescrit une médication. Une semaine passe et les douleurs persistent. Le médecin lui fait immédiatement passer une batterie de tests. Le verdict tombe, nous apprenons que les lymphocytes sont touchés.

Un traitement est mis en place pour un an. Heureusement, c'est pris à temps.

Après six mois, les résultats sont très concluants, mais le corps médical veut qu'elle achève son traitement. Christel s'inquiète pour ses cheveux. Ses amies se rasent la tête en signe

---

23 Interview dans *La Dernière Heure*, 05/11/2007.

de soutien. Vincent lui achète une perruque… elle n'en perdra aucun. Elle s'est battue avec « la niaque » que je lui connais. Le dicton dit qu'un malheur n'arrive jamais seul.

Leur maman fait une rechute en 2007 et nous quitte au mois de novembre. Nous étions séparés, certes, mais cette nouvelle frappe la famille en plein cœur. Mes enfants ont perdu leur maman. Nous devons faire notre deuil. Il m'arrive de ressentir une certaine tristesse et parfois même de verser des larmes lorsque je suis le spectateur de la réussite de nos enfants, et l'acteur de mes propres victoires : elle n'est pas là pour le voir et j'en suis affecté.

Cette année-là, Christel participe au Télévie. Un nom connu a toujours plus d'impact. Elle a la surprise d'entendre la voix de Vincent, qui est en duplex. Tout le monde est très touché par l'intervention de Vincent ; sa sœur ne peut s'empêcher de laisser paraître ses émotions.

La loi de la vie, les gens partent… Je perdrai mon père en 2007, à l'âge de 86 ans. Ma mère suivra quelques mois après.

Mais il y a également les bonheurs simples de la vie.

Vincent se marie en juin 2011 avec Carla Higgs, ils me donneront trois petits-enfants : Sienna, Kai et Caleb.

Ma fille Christel épouse Zouhaier Chiaoui en juin 2013. Zouhaier, d'origine tunisienne, est avocat à la Cour européenne. Ils auront également trois enfants, des garçons : Eden, Nolan et Kenan.

François est fiancé à Melissa Camara. Ils sont ensemble depuis plus de dix ans et ont une petite fille, Maëlia, née le 22 janvier 2019.

Je suis donc un papy puissance 7 !

Nous sommes un *clan*, qui s'agrandit toujours un peu plus… Tout ce petit monde vit dans un climat de tolérance et de solidarité, où les différences culturelles se vivent comme des richesses.

Lors du jubilé de Vincent, le 11 septembre 2019, des larmes de joie coulent quand je découvre la fresque réalisée à son effigie, devant le stade.

J'ai parcouru plus de 8 000 kilomètres pour arriver sur le sol belge et le nom Kompany est désormais inscrit dans l'histoire, dans le monde entier et dans la mémoire de chaque individu.

Ma lignée est assurée.

Que demander de plus… ?

13
Christel, Vincent, François, de fortes personnalités

Dans l'éducation de nos enfants, hormis le suivi scolaire, l'activité physique a une importance vitale. Du point de vue de leur santé, d'abord, mais aussi pour leur développement social et affectif. Nous sommes convaincus, leur maman et moi, que le sport permet à l'enfant de se familiariser à des valeurs importantes comme l'honnêteté, le fair-play, la considération de soi-même et des autres, ainsi que le respect des règles. C'est aussi apprendre à gérer ses joies quand il gagne et ses frustrations lorsqu'il perd. Et nous, parents, nous voulons être présents pour eux et avec eux dans cette évolution.

Parallèlement à leur sport respectif, on les inscrit au scout néerlandophone à Ganshoren, dans les années 1990. Les Ridders van Sint-Martinus. Chaque dimanche, après le repas familial, nous les conduisons au rendez-vous. En attendant la fin de l'activité, on se promène dans le bois qui entoure le chalet du Laerbeeck, avec François, qui est encore trop petit pour suivre son frère et sa sœur et qui en profite à chaque fois pour manger une glace. Plus tard, quand le petit dernier aura l'âge de rejoindre la fratrie, cette balade dominicale sera notre petit moment à nous.

À l'âge de 5 ans, Christel commence à suivre des cours de danse. Dans son école, presque toutes les petites filles dansent ; fatalement, elle le veut aussi. Nous n'en sommes pas convaincus, mais elle y tient. Tutu, chaussons, collants… Après deux, trois ans, elle nous dit : « Apparemment, faire de la danse avec ma grande taille, ce n'est pas conseillé », selon une de ses cheftaines du scout. Elle change donc d'avis. On a l'idée de l'inscrire dans un sport d'équipe, le basket. D'autant qu'elle s'entend très bien avec la sœur d'Ann Wouters, joueuse de basket-ball belge, quatre fois vainqueur de l'Euroligue féminine. On se dit que ce sport « est parfait pour elle ». C'est sans compter sur son caractère bien trempé.

Ma fille sait clairement ce qu'elle veut. Et ce qu'elle veut, c'est faire de la gymnastique.

Nous voilà partis à Forêt de Soignes Sport, qui possède une des plus belles salles spécialisées de Belgique pour la pratique de ce sport. Afin d'éviter des allers-retours incessants, nous décidons de jouer au tennis, pendant que Christel s'attelle à son sport du moment. Heureusement, les entraînements de Vincent ne sont que de deux fois par semaine et s'emboîtent parfaitement avec ceux de Christel.

On s'y rend donc en famille.

Les parents se mettent en condition sur le terrain de tennis et les garçons, eux, tapent la balle de foot. François est encore petit et réplique les faits et gestes de son frère. Quand on va conduire Vincent aux entraînements à Neerpede, c'est également en famille qu'on s'y rend. Ce rythme ne sera que de courte durée !

On espère toujours que Christel penchera pour un sport d'équipe, le basket. C'est peine perdue... À l'école, elle reçoit une feuille d'information sur l'athlétisme. Elle est attirée par un sport individuel. C'est surtout une affaire de goût. On décide de l'inscrire à l'Excelsior, et effectivement elle est « comme un poisson dans l'eau ». Christel affirme ses choix et, par ce sport, elle découvre ses propres limites. Son succès est le résultat de ses propres efforts. Elle veut toujours être première. Vincent pratiquera également l'athlétisme avant que ses entraînements de foot lui prennent tout son temps. Certains de leurs records de club tiennent d'ailleurs toujours, sept à l'actif de Christel, dont le record du triple saut junior dame, détenu depuis quinze ans et qui est fixé à 11,75 mètres et un, le 1 000 mètres en salle, catégorie benjamins, pour Vincent. François en fait aussi, mais il est beaucoup plus jeune.

Notre vie sociale se résume à nos rencontres avec les autres parents, qui deviendront, pour certains, des amis, et nos bistrots sont les buvettes des centres sportifs. Je cite comme exemple la famille Haroun dont l'un des fils, Faris, est aujourd'hui capitaine de l'équipe Royal Antwerp FC, qui évolue en première division. Nous nous sommes rencontrés sur les terrains de football alors que nos enfants étaient « adversaires ». Faris évolue au RWDM et Vincent au RSCA. Ils ont joué la finale de la coupe de Belgique des préminimes, remportée par Anderlecht. Vincent recevra d'ailleurs le trophée de meilleur joueur (le seul de sa jeunesse). Notre amitié est telle que Mahamat Haroun, d'origine tchadienne, gérant d'un garage automobile, me prêtera à l'époque 30 000 franc belges (près de 800 euros) pour payer plusieurs factures relatives à mon éolienne. C'est la seule dette que j'aurai envers une personne. Et les gens qui me connaissent savent à quel point les dettes et moi ne font pas bon ménage. Cette amitié grandit au fil des années. J'accepterai d'être le président d'honneur de l'asbl Friendly Foot qui apporte son soutien aux jeunes défavorisés via le sport, principalement le football. Mahamat Haroun et Augustin Izeidi, fondateurs de l'asbl, en sont respectivement les vice-président et président. Tous deux sont des amis de longue date et sont restés très proches.

Une autre activité commune à nos trois enfants qui se transforme en une sortie familiale est la natation. À la piscine Nereus à Ganshoren ou au Poséidon à Watermael-Boitsfort, Jo et moi en profitons pour faire quelques brasses pendant qu'ils apprennent à nager.

Les enfants pratiqueront divers sports avant de trouver leur voie : tennis, kayak, aviron, athlétisme, skateboard, patin à roulettes, volley-ball… Je ne recherche rien d'autre que de les voir s'amuser.

Vincent commence le football à Anderlecht, et c'est le fruit du hasard. Au départ, je souhaite qu'il joue à Strombeeck, qui est proche de Zaventem, de mon emploi à DHL, à Machelen et ensuite à Vilvoorde. Il vient de fêter ses 6 ans. Ces clubs me disent très honnêtement qu'ils ne peuvent pas l'accepter, car, à ce moment de la saison, il ne reste que des tournois et il faut avoir joué toute la saison pour y participer. Je comprends tout à fait leur refus.

Je ne pense plus à « cette histoire de foot » ; c'est Vincent qui revient vers moi et insiste pour que je l'inscrive dans un club de football. Dans la cour de récréation, c'est ce sport qui prédomine. Avec sa maman, nous décidons de nous renseigner sur « l'éventuelle » possibilité de l'inscrire dans un club à Bruxelles. Nous décidons d'aller à Anderlecht, qui accepte de le prendre à l'essai pour un entraînement qui s'avère être le dernier de la saison. Vincent ne se rend pas compte de ce que représente ce club. Il pense être un joueur de… Neerpede.

J'apprends que les convocations vont être envoyées à la maison pour le début de la saison prochaine. Nous la recevons.

À cet instant, on ne pense aucunement à une possible carrière footballistique pour Vincent. L'école est la priorité, mais nous sommes également conscients que s'impliquer dans une activité physique contribue fortement au développement non seulement du corps, mais aussi de l'esprit.

Progressivement, de deux entraînements par semaine, on passera, dans un temps relativement court, à trois fois et puis quatre fois, plus le match.

Ma vie, en dehors de la sphère professionnelle, s'articule autour des distances à parcourir… Au départ, quand les enfants sont très jeunes, je vais les chercher à l'école, je passe prendre Jo, rentrée à la maison en bus juste après son travail, et nous commençons notre tournée. Plus tard, elle restera à la maison, car les parcours deviennent trop importants et il faut se partager les tâches pour assumer le suivi scolaire, préparer les repas et tout le reste.

François commence le football chez les diablotins au RSCA. À l'époque, la saison s'étale de juin à juin. Quand François commence, la règle change et la saison passe de janvier à décembre. Beaucoup d'enfants qui devaient passer de catégorie restent dans la même alors qu'ils se sont déjà entraînés toute une saison dans cette tranche d'âge. Il en sera défavorisé alors qu'il est aussi fort que les autres. Il sera dans l'équipe B, car l'équipe A est occupée par les « anciens ».

Lorsqu'il monte en préminimes, il connaît un problème à ses articulations et ses tendons. Il grandit trop vite et se retrouve en difficulté physique, n'arrivant plus à courir correctement. Il éprouve de fortes douleurs. C'est une de ses forces en tant que joueur, il est assez rapide. Les remarques sur mon fils ne se font pas attendre : « Il a changé, il n'évolue pas bien… » J'apprends par François, qui vient tout me relater après l'entraînement, qu'un des délégués s'est permis d'appuyer sur son tendon d'Achille pour vérifier où se situait la douleur. Quelqu'un qui apparemment se prend pour un médecin. Mon sang ne fait qu'un tour : qu'il l'ait fait consciemment ou non, il n'a pas à poser un tel acte s'il n'a pas la formation requise.

On amène François chez un orthopédiste et un kiné, qui lui conseilleront de porter des semelles. Quelques semaines après, il retrouve sa vivacité et les problèmes de croissance sont résolus. Les mêmes personnes diront que c'est formidable et qu'il est de nouveau en pleine forme… Les gens qui sont des girouettes et qui changent d'avis de cette manière, ce n'est pas pour moi et surtout pas pour mon fils.

Mais cela n'est qu'une partie d'un tout, le changement de règle des catégories et des âges, le fait qu'il soit sous-classé, en plus de ces derniers incidents, l'ensemble m'insurge.

On décide de le désinscrire du club d'Anderlecht. Je suis libre de décider. Vincent a déjà son lot de soucis et nous ne voulons pas « faire vivre » à deux enfants les péripéties d'un même club.

Le hasard fait bien les choses : François me parle du centre de formation de KV Mechelen. Ma première pensée est que la distance va être importante, la deuxième, je me dis « pourquoi pas, d'autres font bien la route… »

Je vais faire un test avec lui. Il convainc le coach, Viny, qui voit en François du potentiel. « Êtes-vous sûr qu'Anderlecht va le laisser partir ? »

« C'est moi son père, je décide et je veux séparer mes deux enfants. »

Anderlecht a voulu que je signe un papier qui permettait à François d'être prêté. Ils avaient la mainmise sur lui si jamais l'envie leur prenait de le récupérer. À l'époque, il n'y a pas d'histoires de transfert, de démission, etc. Bien sûr, j'ai dit non. C'est catégorique.

Au sein du club, il est considéré comme « LA star » de Malines. Il est très apprécié. Lors de la Coupe de Belgique qui se joue à Mouscron, Malines est en finale face à… Anderlecht. À la mi-temps, c'est 0-0. Le gardien de Malines, à deux semaines du match, s'est blessé au doigt. Ils le remplacent par le gardien de la catégorie juste au-dessus, ce qui est accepté.

Dès le départ, Malines renforce sa défense et François est placé à cette position dans l'axe central.

Pendant la mi-temps, le staff d'Anderlecht va matraquer l'organisation pour que le gardien présent quitte le terrain sous prétexte qu'il n'a pas participé aux autres matchs et qu'on l'a remplacé.

Pour finir, le gardien blessé devra reprendre sa position dans le but, alors qu'il se trouve sur le banc, soucieux d'assister à la finale.

Anderlecht gagnera.

Le président de Malines, Willy van den Wijngaert, réagira bien. « C'est une fête, nous sommes arrivés en finale, nous continuons de faire la fête. » Leur priorité reste le bonheur du jeu, le fair-play. À Anderlecht, c'est la victoire qui compte. La victoire à tout prix. Cette pression peut faire mal, aux entraîneurs, aux parents et aux joueurs.

François continue sa formation à Malines. Il est très souvent surclassé et joue avec une catégorie au-dessus. Un joueur comme Steven Dufour[24] est à cet instant un de ses coéquipiers. Il participe au grand tournoi de fin de saison qui se joue en Italie. Lorsque Malines se voit relégué en Division 2, quelques joueurs, dont Marvin Ogunjimi[25], Anthony Limbombe[26] et son frère Stallone[27], sont sollicités et recrutés par Genk. François aurait pu les suivre, mais il est encore jeune et je ne veux pas qu'il aille en internat, loin du cocon familial. Et faire la route est de l'ordre de l'impossible.

Simon Tahamata, du GBA, sollicite à son tour François. Le jeu footballistique de François est semblable au « jeu hollandais » et « il est gaucher », me dit-on.

La priorité est toujours l'école.

24   Steven Defour découvre la Division 1 au KRC Genk à 15 ans. À 17 ans il est la révélation belge de l'année. Il rejoint le Standard de Liège à 18 ans et devient le plus jeune capitaine de l'histoire du Standard de Liège. Soulier d'or en 2008, il fera une carrière internationale dans des clubs comme FC Porto et Burnley FC. Il signera également un contrat avec le RSCA Anderlecht (« Steven Dufour », *Wikipédia*, mis à jour le 26/09/2019).

25   Marvin Ogunjimi fait partie de l'effectif du KRC Genk de juillet 2004 à août 2011. Il continue sa carrière en passant par le Standard de Liège, au Beerschot et à Louvain. Il passe par des clubs internationaux tels que ceux de Norvège, de Corée du Sud, de Thaïlande, d'Albanie, du Kazakhstan et des Pays-Bas. Il est actuellement sous contrat en Biélorussie, au Dinamo Brest (« Marvin Ogunjimi », *Wikipédia*, mis à jour le 10/07/2019).

26   Anthony Limbombe Ekango commence sa carrière professionnelle en 2010 au Racing Genk. Il signe au Club Bruges en 2016 et en 2018 avec le FC Nantes. Il est prêté au Standard de Liège pour la saison 2019-2020 (« Anthony Limbombe Ekango », *Wikipédia*, mis à jour le 19/09/2019).

27   Stallone Limbombe, frère d'Anthony, joue également à Genk. Il évolue au poste d'ailier droit à La Gantoise (« Stallone Limbombe », *Wikipédia*, mis à jour le 11/08/2019).

Tous mes enfants réussissent très bien et arrivent à gérer parfaitement leur travail scolaire et leur engagement sportif. Je donne quelques cours de maths à Vincent et Christel, mais François n'en a pas besoin. On connaît des baisses de régime, comme dans chaque famille, mais, de manière générale, mes enfants ont chacun une facilité d'apprentissage qui leur permet de garder le cap.

François reste donc à Malines et y continue sa formation. À 14 ans, il saute de catégorie et joue avec l'équipe réserve. Je me souviens de son premier match à Deinze, où il ouvre le match avec un premier goal.

Jusque-là, personne ne sait que j'ai joué au football à un niveau professionnel et que j'y connais un rayon. Aussi bien sur le terrain qu'en dehors. Mes propres enfants l'ignorent encore. Je garde de ce fait une certaine neutralité et je suis capable de leur donner des conseils tactiques ou même leur offrir une approche différente de leur jeu. Je sais très vite faire la différence entre jalousie et mauvaise foi, et je suis capable de prendre rapidement des décisions.

Le rythme s'enchaîne : je vais chercher les garçons à l'école, je dépose Vincent à Anderlecht, je vais avec François à Malines, je regarde son entraînement, comme je l'ai fait pour Vincent auparavant. Je repars avec François et nous allons chercher Vincent qui est sur le point de terminer son entraînement. Je les dépose à l'Héliport et Jo enclenche la suite : devoirs, repas, préparer les chaussures qu'il faudra nettoyer sur le balcon, préparer les sacs scolaires et sportifs pour le lendemain. Christel, qui a 14 ans, prend le métro près de chez nous et va seule à l'Excelsior. Le soir, j'irai la chercher après avoir déposé François et Vincent à la maison. Il est 22 heures. Nous mangeons à deux, Jo a déjà soupé avec mes gaillards.

Tous les soirs, sur le balcon, je lave les chaussures de football, j'enlève la terre avec la brosse dure, je les frotte avec un torchon humide... je les prépare pour le lendemain. C'est un rituel. Heureusement, je n'ai jamais eu besoin de beaucoup de sommeil. Après quatre ou cinq heures de repos, me voilà reparti.

Ma fille s'occupe très vite seule de ses affaires. Les athlètes de haut niveau, d'un sport individuel, sont, je dirais, un peu maniaques. Elle veut être sûre que ce soit bien fait, à sa manière.

En plus d'avoir des enfants dotés d'un caractère bien trempé, je fais très vite remarquer à Jo que nous avons dans la maison des graines de champion.

Les champions ont un caractère très compliqué, ils sont teigneux. Ils ne voient pas les choses comme la plupart des autres enfants. On ne peut ni décider, ni penser à leur place. Ils ont un caractère trop fort. Un champion ne se laisse pas faire par un autre. C'est une fratrie, mais Christel ne se laisse pas faire par Vincent ni Vincent par François ou François par Christel, et vice versa.

C'est une logique.

Je les accompagne dans ce processus, mais je n'ai jamais poussé mes enfants à être si performants. Leur trait de caractère est certainement inné, guidé par notre éducation, mais c'est au plus profond d'eux.

Non pas un, non pas deux, mais les trois !

Ils ont, par nature, un esprit de compétition très développé. Cet état d'esprit les conduit à toujours rechercher des moyens de prendre l'avantage sur leurs adversaires. Ils ont une très

grande capacité à se motiver eux-mêmes. Quoi de plus fort que
« l'automotivation ». Ils utilisent la défaite comme une leçon.
Ils ne laissent pas les échecs passés perturber leurs performances
futures. Ils ont des bases solides. Très solides. Ils répètent des
heures et des heures les mêmes techniques quel que soit leur
sport. Ils ont un mental d'acier et contrôlent leurs émotions.
Mes enfants travaillent sans relâche pour devenir toujours meilleurs et constamment s'améliorer. Pour rester en tête, ils ne se
reposent pas sur leurs lauriers. Ils allient parfaitement l'apprentissage scolaire et sportif. Ils sont organisés et, surtout, ils
aiment ce qu'ils font !

Ils développent tous les trois, à leur manière, une résistance solide face à la vie.

Vincent ne gagne qu'un seul trophée quand il est gamin, celui de meilleur joueur lors de la Coupe de Belgique. Je dis à sa maman « qu'il vaut mieux qu'il soit chaque fois deuxième que premier et qu'on reconnaisse son réel talent ; il garde de ce fait la tête bien sur les épaules ». Pourtant, il est souvent premier sur le terrain. Lors d'un tournoi international qui se joue au GBA (anciennement Beerschot), lors de la finale entre Ajax et Anderlecht, ce dernier gagne. Le soir venu, on proclame les résultats du meilleur joueur, il est du RSCA, un attaquant… ce n'est pas Vincent. La plus grande erreur des organisateurs est qu'à chaque match, ils proclamaient les meilleurs joueurs, et le prénom de Vincent était scandé. Je sens très clairement un parfum de discrimination. Les parents du « meilleur joueur » sont scandalisés et viennent nous présenter leur excuse. Albert Martens, qui a entraîné Vincent de ses 9 ans à ses 12 ans, et qui est devenu un ami de la famille, sera son plus grand fan. Je me souviens de ses mots quand il l'a vu jouer pour la première fois, chez les diablotins : « Ton fils a déjà toutes les qualités requises d'un champion : la technique, le placement parfait, le sens du jeu, son physique et un caractère ! Il dirige déjà l'équipe, non seulement la défense mais aussi les attaquants. » Il est tombé sous son charme. Aujourd'hui, il vit en Gambie et « recrute » pour Anderlecht. Nous sommes toujours en contact.

Ma maturité sportive, ma connaissance de ce terrain et ma sagesse africaine me permettent de gérer ces incidents avec beaucoup de recul et une grande philosophie. Si je n'avais pas connu le monde du football, bien qu'il soit très différent de mon époque, je leur serais rentré dedans ! Tous ces gens-là ne savent pas qui je suis… Ils pensent que je viens de « la brousse », pour le dire vulgairement. Un Africain sans éducation ? Savent-ils seulement que, lorsqu'on faisait des fêtes chez moi, un orchestre entier venait jouer et permettait aux invités de danser et de faire la fête ? Savent-ils que je portais costume et cravate très jeune, pour la remise de mon diplôme de primaire déjà ? Savent-ils que mon père a toujours été très à l'aise financièrement, jusqu'à être un des rares « Noirs » à prendre l'avion ? Savent-ils que mes habitations ont certainement été beaucoup plus grandes que les leur ? Savent-ils que ma grand-mère avait des terrains semblables à une forêt ? Savent-ils qu'elle employait des dizaines de « gens de maison » (toujours dans le respect) ? Savent-ils que j'ai rempli des stades ? Savent-ils que j'ai tenu tête au « Léopard du Zaïre » ? Je peux en faire un livre, de toutes ces questions… C'est beaucoup d'énergie, trop d'énergie.

Christel, mon aînée, est très douée. Quand elle est au top, ses entraînements sont journaliers, sept jours sur sept. Du lundi au vendredi, fin de journée, et le week-end, c'est très tôt le matin.

Lors du Championnat de Belgique, nous nous rendons dans une commune néerlandophone, dont je ne me souviens pas du nom. Face à Christel, une fille blonde, qui correspond davantage aux critères physiques de la région. Tout le stade acclame le prénom de cette jeune femme blonde. Jo, à cet instant, me dit : « Il faut aussi crier pour Christel. » On commence à taper des mains, à crier, hurler son prénom avec les autres parents de l'Excelsior. Elle saute… Elle bat le record de Belgique de triple saut. J'ai gardé la rose qu'on lui a offerte ce jour-là. Elle est séchée et accrochée à mon mur. J'ai l'intention de l'encadrer.

Plus tard, lors d'une autre compétition, le téléphone sonne et Christel, au bout du fil, m'annonce qu'elle a gagné tous les records confondus (toutes les catégories confondues) du saut lors du championnat Indoor à Dour. Elle gagnera le prix de 5 000 francs belges. Sa maman est avec elle, mais ma fille est impatiente de me l'annoncer. Nos enfants ne se rendent jamais seuls à une compétition, l'un de nous est toujours présent.

Petit à petit, elle perd une bonne part de sa motivation face à certains faits qui relèvent de l'injustice. Par exemple, lors d'un stage organisé en Italie, où les garçons seront favorisés en ayant l'autorisation d'y participer alors qu'elle ne le pourra pas. Lors de l'utilisation de son image sur une affiche sans le consentement familial…

Vu la fréquence de ses entraînements, elle veut du concret et ne perd pas de temps avec les « pinaillages » qui se déroulent au niveau de la direction. Christel est capable de prendre des décisions sans retour en arrière possible. Elle décidera de ne plus s'entraîner.

François est toujours à Malines et continue à y évoluer. Vincent vient le voir au match de derby entre Racing Mechelen et KV Mechelen, et lui donne même quelques conseils. Il n'y a aucune rivalité entre eux. François est à l'attaque, Vincent en défense, ils n'ont pas le même âge et ne sont pas dans la même catégorie. François a pu évoluer indépendamment de son frère, car ils n'étaient pas dans le même club.

« Que Vincent soit capitaine de Manchester City ou assis sur le canapé à Schaerbeek, cela ne change pas pour moi, même si je suis très heureux de son succès, déclare François, cela n'a rien changé entre nous, nous restons très proches. Il sait tout de moi et je sais tout de lui. Il n'a pas changé en devenant célèbre non plus. En public, il est peut-être devenu un peu plus réservé, mais certainement pas dans le cercle de famille[28]. »

L'entraîneur Zivicka Kanacki a l'habitude, à chaque fin de saison, en juin, de recevoir les parents des joueurs pour faire le point sur l'évolution de nos enfants. C'est une démarche très appréciable et qui a été instaurée par Frank Vercauteren, « Franky », qui est entraîneur à Malines en 1997, avant de rejoindre Anderlecht en août 1998. Je ne reçois que des éloges sur François. Il m'annonce qu'il est prévu qu'il rejoigne l'équipe première. Au mois de septembre, on confirme cette décision. Quand la liste des joueurs faisant partie de l'équipe première est annoncée, le nom de mon fils n'y figure pas. Une certaine personne est devenue le nouvel entraîneur de Malines et François est retiré de l'équipe sans avoir la moindre chance. Je ne trouve pas l'utilité de citer son nom, ce serait lui donner trop d'importance.

La carrière de François prend dès lors un tout autre tournant. Au fond de moi, je suis très déçu et j'ai mal. Je reste néanmoins toujours positif, c'est un coup dur pour mon cadet, mais cela lui a permis de mûrir.

Actuellement, je constate que tous les joueurs qui ont des contrats liés à un frère qui réussit, comme Eden Hazard ou Romelu Lukaku, jouent. On leur donne la possibilité d'être sur le terrain. À l'époque de Vincent, ça ne se faisait pas et par la suite, c'était trop tard. C'est souvent un contrat qui déclenche tout. À tous ceux qui me posent la question du pourquoi, du

28 *Sportmagazine*, 05/08/2013.

comment… je réponds que la famille veut que la réussite ne dépende ni de corruption ni d'arrangements quelconques.

La carrière de François est très compliquée. Le nom Kompany y a certainement contribué. On peut comparer mes fils, mais les gens qui en parlent ne savent rien. Ce sont deux joueurs complètement différents. Heureusement que le lien du sang est fort, car l'extérieur peut rapidement ternir une relation. Quand on est connu, on est aimé ou détesté, adulé ou maudit, bienveillant ou jaloux… et les dommages collatéraux existent bel et bien. Qu'on se le dise, il faut bien plus pour « faire tomber » un Kompany.

François confiera dans une interview du 27 avril 2018 : « Je crois que les gens ont des *a priori* quand on pense qu'engager un Kompany, ça demande trop d'argent. Ou justement : ça n'a pas besoin d'argent. Quand j'étais au Brussels, je gagnais des cacahuètes, mais j'estimais quand même avoir droit à recevoir mon salaire. Quand j'ai demandé mon argent au président, il m'a répondu : "Toi, besoin d'argent ? Ton frère pourrait même racheter ce club…"[29] » Cette remarque est encore très claire dans mon esprit. Lors d'un match amical au Brussels, en passant par le rez-de-chaussée pour aller dans les tribunes, je remarque le président de l'époque, assis, avec en face de lui, un jeune joueur noir et, à côté, un homme blanc, plus âgé, avec une liasse de billets sur la table. Quelques billets de 50 euros et non 100 ou 200 euros. « Monsieur Kompany, vous voyez, votre place devait être ici », s'écrie-t-il en me voyant. C'est l'ambiance du FC Brussels à ce moment. J'ai pour idée, à cet instant, d'obliger le club, sous contrainte judiciaire, à verser la totalité des salaires non payés de François à une œuvre caritative. Heureusement pour le club, il est tombé en faillite avant que je ne déclenche le processus.

---

29 Interview de François sur www.walfoot.be, 27/04/1918.

Les gens, de l'extérieur, ont un regard toujours interrogatif sur les ententes en interne entre Vincent et François. Je répondrai simplement qu'ils sont deux êtres à part entière, avec deux caractères différents et deux parcours propres à chacun. Et cela n'a jamais entaché leur relation, que du contraire. Ils sont liés et se soutiennent l'un l'autre.

François est conscient qu'il doit se battre et son expérience fait de lui un homme capable d'affronter des difficultés professionnelles hors norme. Il ne baisse jamais les bras. Malgré des chemins houleux, il continue à s'entraîner quotidiennement avec des coaches personnels pour être prêt, lorsque se présentera l'occasion de remonter sur le terrain. C'est ce qui se passera avec Roulers. Après plus de six mois sans jouer, il est appelé à la rescousse et est de retour sur la pelouse juste avant les playoffs qu'il domine en jouant l'ensemble des matchs annoncés au calendrier avec, à ses côtés, des joueurs présents depuis le début de la saison. Cherchez l'erreur ? Il garde la tête haute et les pieds bien ancrés au sol, et c'est ce que j'aime chez lui. « J'ai un an de contrat. Le but de Roulers est de monter. Je suis heureux à Roulers, malgré la navette que je fais tous les jours. Vous ne trouvez pas que c'est plus beau de monter en 1A via une promotion que via un transfert ? » Malgré une carrière parsemée d'embûches, il garde toujours le moral et une pointe d'humour. Je ne m'en fais pas pour lui, il a la tête sur les épaules et la force nécessaire pour assumer et assurer.

Lors du jubilé de Vincent, le 11 septembre 2019, quels ne sont pas mon étonnement et ma joie de voir François sur le terrain à Manchester. Ils m'ont fait une surprise et elle est réussie. Là encore « çois », de son petit surnom, dit dans la presse : « J'ai peut-être fait bonne impression à Pep Guardiola, rigole François, qui est aujourd'hui sans club. Plus sérieusement, j'étais là pour mon frère et mon père. C'était une surprise pour mon père et ma famille, je le savais depuis quelques jours, histoire d'être préparé[30]. »

Il a acquis une discipline de vie que peu de gens peuvent prétendre avoir. Continuer à s'entraîner, s'élever et progresser sans être sûr de son avenir. Tenir sur la longueur sans jamais se plaindre. Avoir un mental si solide qu'il en ressort plus puissant à chaque épreuve. Ça lui appartient et, désormais, rien ne peut lui enlever cette résistance. Je ne m'inquiète pas pour sa reconversion. Entre deux conversations, il m'a dit : « Babo (c'est comme ça qu'il m'appelle papa), un jour, je reprendrai mes études. » Je lui ai répondu que les études, il pouvait les entreprendre même à 50 ans. Donc, vous voyez, je ne suis pas au bout de mes surprises.

Quand Christel est confrontée à la maladie (je l'évoque dans le chapitre consacré à la famille), cela ne l'empêche pas de suivre les cours dans deux facultés différentes, sa deuxième année en communication à la VUB et une première année à Solvay. Elle les réussira. À cet instant, je sais que c'est son caractère de championne qui prend le dessus. C'est une épreuve singulière, radicale et solitaire. Elle n'est pas seulement en souffrance physique. Son quotidien se transforme au rythme des protocoles médicaux qui l'obligent à changer ses habitudes. Elle continue à avancer et à se battre. En tant que parent, je suis là et je la supporte dans ses choix. C'est elle qui vit ce que je ne vis pas. Elle a des nerfs d'acier et une force redoutable. Elle ne continuera pas Solvay, mais elle terminera son cursus en communication à la VUB. Son expérience la rend plus consciente que les autres sur l'incertitude de l'avenir. Sa vision de la vie en est d'autant plus claire.

Mes enfants sont très proches, chacun a trouvé sa place. Ils savent qu'il y a beaucoup à apprendre des uns et des autres.

---

30 Interview dans *La Dernière Heure* (www.dhnet.be), 13/09/2019.

Dans leur enfance, Vincent, le plus grand, sans vraiment le vouloir, a permis à François de se nourrir de tout ce qu'il ne savait pas encore faire. Avec Christel aussi, mais la relation est encore différente entre deux frères. Le cadet observe, imite et, au bout du compte, ils grandissent tous les deux et finissent par s'égaler. Cette coconstruction n'est pas à sens unique, car les petits peuvent aussi éduquer les plus grands. L'éducation par la fratrie existe.

Chaque membre de la fratrie est reconnu et valorisé pour ce qu'il est !

14
La passion du ballon rond

Le football fait partie de ma vie dès mon plus jeune âge. C'est un rendez-vous quotidien avec les enfants du quartier. On organise des matchs, chaque jour, après l'école. Un football de rue, certainement celui qui forme les meilleurs joueurs sans le savoir. Comme je l'ai déjà relaté, on a construit nous-mêmes nos terrains. Nous avons un très bon niveau. Je suis parmi les meilleurs. D'ailleurs, en secondaire, on me demandera de dépanner un club, l'Amicale sportive Dragons Bilima ou « Amicale sportive Bilima ». J'aide le club à passer de la troisième division à la deuxième division. On défilera dans le stade après notre victoire. Je n'ai pourtant pas voulu poursuivre l'aventure, ma priorité restant mes études. La culture du football, à l'époque, est complètement différente de celle d'aujourd'hui. Je ne pense même pas à entamer une carrière footballistique professionnelle.

À Bukavu, le temps des vacances, après avoir fui Kinshasa, je joue avec l'Olympic Club de Bukavu Dawa, dont le sigle est « OC Bukavu Dawa », aux couleurs blanc et noir. On s'entraîne tous les jours. On vient me chercher et on me ramène à la maison. Je me souviens avoir joué un match dans la commune de Kadutu qui se situe au sud du centre-ville de Bukavu, la commune où ma maman a habité. C'est un match au sommet contre l'Union sportive d'Or, dont le joueur Prosper Ndume fait partie. D'ailleurs, il essayera de me débaucher. Le stade est rempli... Vingt mille personnes ! Le match se terminera en bagarre générale entre les supporters, pour une histoire de but ne devant pas être encaissé. Je n'ai joué que ce match-là. Un désordre total. La folie du football. Dans ce temps-là, il n'y a pas de structure dans le football congolais, pas de contrat. Beaucoup de grands joueurs feront malheureusement partie des « oubliés ».

À l'université de Kinshasa, je joue dans la sélection de l'équipe de football universitaire. La Faculté universitaire favorise votre épanouissement sur les plans personnel, intellectuel et même sportif. Nous pouvons être amenés à jouer avec des joueurs de Division 1 et nous avons le niveau. La chance nous sourit parfois quand nous pouvons jouer dans le grand stade de Kinshasa, le stade des Martyrs, qui a une capacité de 80 000 places.

En 1972, lorsque je suis à Lubumbashi, je suis à nouveau en contact avec Prosper, qui est également étudiant sur le même campus que moi.

Prosper Ndume, ce nom doit rappeler beaucoup de souvenirs aux sportifs du Kivu, de Lubumbashi et du Congo. Ancien footballeur adulé par les foules de jadis, Ndume est aussi ce cadre ayant œuvré à la Sozacom, l'un des immeubles les plus imposants de Kinshasa, qui se dresse sur le boulevard du 30 Juin, en plein centre-ville ; Prosper Ndume a été membre de l'opposition radicale.

Nous avons joué ensemble dans l'équipe du Tout Puissant Mazembe ou TP Mazembe. Ce club possède l'un des plus beaux palmarès du football africain avec cinq Ligues des champions africaines (en 1967, 1968, 2009, 2010 et 2015), trois Supercoupes d'Afrique, une Coupe d'Afrique des vainqueurs de coupe (1980), ainsi que deux Coupes de la Confédération (en 2016 et 2017). Le TP Mazembe établit également plusieurs records sur le continent en devenant la première équipe d'Afrique noire à remporter cinq Ligues des champions de la CAF[31]. C'est la troisième équipe africaine a avoir établi un triplé sur le continent en remportant consécutivement une Ligue des champions africaine (en 2015) et deux Coupes de la Confédération, comme déjà mentionné. Il est le quatrième club, avec Al Ahly, le Raja Club Athletic et l'Espérance Sportive de Tunis, à avoir remporté les trois nouvelles versions des coupes africaines (C1, C3 et SC), à savoir la Ligue des champions africaine, la Supercoupe d'Afrique ainsi que la Coupe de la Confédération. En 2010, le club est devenu le premier club non européen ou sud-américain à accéder à la finale de la Coupe du monde des clubs[32].

Le TP Mazembe est le club des « stars ». J'y trouve beaucoup de joueurs vedettes du coin qui ont été recrutés : Tshamala « Machine », Mutombo Pelé, Ntumba Pouce, des joueurs du Kasaï venus en renfort.

Ndume et moi, nous serons irréguliers pour des questions d'études, ce qui n'arrangeait pas spécialement l'entraîneur. Ndume sera par la suite sélectionné pour jouer avec les « Léopards », l'équipe de la République démocratique du Congo. Je ne ferai qu'une saison à TP Mazembe. Je suis juste de passage…

31 Compétition annuelle de football organisée par la Confédération africaine de football et opposant les meilleurs clubs africains. C'est la plus prestigieuse des coupes africaines de clubs.
32 « Tout Puissant Mazembe », *Wikipédia*, mis à jour le 23/09/2019.

Lorsque j'arrive en Belgique, je joue au football en amateur avec le « Cercle ». J'aide également et soutiens d'autres équipes, tout en étant rémunéré. Ça ne fonctionne pas avec des contrats, mais grâce à du « bouche-à-oreille ». On viendra me débaucher.

Je jouerai au KRC Malines. En 1975, ce club est champion de Division 2 et promu parmi l'élite. Je m'entraîne avec l'équipe première, mais je joue les matchs avec la réserve en raison de la non-régularisation de mes papiers. Un grand technicien évolue dans cette équipe au même moment. Heinz Schönberger, joueur allemand. Il a passé la majeure partie de sa carrière en Belgique, notamment au KSK Beveren avec lequel il a remporté deux fois le championnat et deux fois la Coupe. Il est considéré comme un des meilleurs joueurs étrangers à avoir évolué en Belgique. Je gagne la somme qui correspond à deux ou trois fois mon loyer. Je n'ai plus aucune idée du montant que j'ai reçu. Je me souviens avoir marqué un goal de la défense, en ayant traversé tout le terrain. Je suis très rapide. Normalement, ma position a toujours été celle d'attaquant droit. Lors de cette prouesse, je me suis retrouvé côté défense, à la suite d'un corner. J'y resterai une saison.

Je serai repéré par le Koninklijke Crossing Voetbalvereniging Elewijt, club de football basé dans le petit village d'Elewijt, dans la commune de Zemst, qui fait partie du Brabant flamand. Le club veut absolument passer de division, c'est une véritable obsession. J'accepte leur proposition de les rejoindre. On viendra me chercher pour les matchs et on me ramènera à mon domicile à Etterbeek, lors de chaque entraînement. Je ne désire pas investir dans l'achat d'une voiture. À la fin de la saison, lors d'un championnat, nous sommes côte à côte dans la compétition avec une autre équipe. Elle doit perdre, nous devons gagner. C'est le match de tous les risques. Je n'ai plus en mémoire le nom du club, mais je me souviens que « le gars » de notre club a fait l'aller-retour, en Mercedes, entre les deux matchs, pour scruter le résultat de chaque team en temps réel... Il n'y a pas de GSM, et il veut s'assurer lui-même de l'évolution des deux matchs. Malheureusement, cette équipe gagnera... et nous aussi. Comme elle a un point d'avance sur nous, nous ne passerons pas de division. À peine la saison est sur le point de se terminer que l'on vient me demander de jouer à l'Olympia Haacht, non loin de la brasserie du même nom. Deux entraînements par semaine et le match le week-end. J'irai rencontrer les responsables du club dans un café bruxellois branché, juste derrière la Bourse. Cette fois, je signerai une convention faisant office de contrat. Il n'y a pas de clause d'exclusivité, de ce fait, je ne m'empêche pas de jouer pour des clubs amateurs des clubs de café.

Je jouerai notamment pour l'équipe de la bière Moeremans. Ceux qui la dirigent mettent beaucoup d'argent en jeu et ils veulent trouver de très bons joueurs. Je ne m'entraîne pas, je ne joue que des matchs. Nous gagnerons beaucoup de championnats. Dès qu'il y a victoire, il y a une enveloppe. Je reçois toujours un surplus, car on connaît ma situation.

Cette équipe fera faillite et deviendra « Famille Bank » où deux Congolais viendront me rejoindre. L'un, José Kibonge, ancien joueur-capitaine de Vita Club, club congolais basé dans la ville de Kinshasa qui a remporté la Ligue des champions africaine en 1973, ainsi que de nombreux titres de champion de RDC. L'autre, Raoul Kidumu, également un ancien capitaine de DCMP Imana – Le Daring Club Motema Pembe Imana, qui évolue aujourd'hui en Division 1 de la Ligue nationale de football de la RDC.

Ce club est devenu une structure très solide, car nous avons gagné la plupart de nos rencontres sportives.

À force de jouer dans tous ces clubs, le monde du football m'est déjà bien familier quand mes enfants prennent la relève...

15
Vincent, un parcours sans faute

Je ne peux écrire un livre sur ma vie sans parler de mon fils Vincent. Car oui, je le précise encore, c'est mon fils. Et « être le père de » veut tout dire (alors que l'adage dit « être le fils de »).

Une fois que les spots du stade sont éteints, Vincent redevient un enfant comme les autres. Je ne vais pas passer en revue sa carrière footballistique, qui n'est pas l'objet de cet ouvrage. Je me contenterai de parler de lui avec mes yeux de papa.

Comme je l'ai raconté dans le chapitre consacré à la famille, le fait que Vincent commence à s'entraîner à Anderlecht est le fruit du hasard. Le foot ne devient pas instantanément son sport de prédilection. Il aime faire du vélo dans les Ardennes avec son grand-père maternel, Jean, du skateboard, et est aussi très doué pour le patin à roulettes, mais aussi le volley-ball ; dans cette discipline, Vincent et son équipe scolaire ont remporté le championnat des écoles néerlandophones bruxelloises et de la Région flamande.

Vincent combine le foot et l'athlétisme. Il va à l'Excelsior, comme sa sœur. Il fait partie des meilleurs de sa catégorie d'âge. Au départ, ça s'ajuste avec les entraînements du ballon rond, mais, à l'âge de 12 ans, il fait un choix.

Quand il commence à Anderlecht chez les diablotins, lors de son tout premier match amical à Limal, Vincent porte déjà le maillot avec, au dos, le numéro 4. Un signe du destin ? Vincent a connu ses années les plus abouties de sa carrière avec ce numéro. D'ailleurs, c'est avec ce même 4 qu'il joue encore aujourd'hui à Anderlecht.

Quand j'étais joueur, je portais le numéro 7 ou le 9, et j'avais dit à mes fils que, s'ils avaient l'occasion d'avoir l'un de ces deux chiffres, ce serait un clin d'œil à leur père. François portera le 17 ou le 27, et Vincent se fait une joie, lorsqu'il est en équipe première, de m'annoncer : « Pa, devine quoi, je porte le numéro 27. » Ce chiffre lui portera bonheur jusqu'au Soulier d'or du football belge.

En dehors du terrain, Vince est un enfant respectueux avec un caractère propre à lui. Très jeune, il montre beaucoup d'assurance. C'est un mélange entre le caractère ardennais et celui de l'alliance entre le Kasaï et le Kivu. Il a besoin de comprendre les choses. Il est ouvert à la discussion et trouve toujours les arguments qui profitent à sa cause. Dans sa jeunesse, la confiance en lui peut parfois susciter le reproche ou la méfiance, mais il est très bien entouré. Son noyau familial le protège beaucoup. Entre l'école et le sport, il ne lui reste plus beaucoup de temps libre. Je me souviens qu'on l'appelait « Monsieur Point », en deuxième primaire si mes souvenirs sont bons, il rivalisait avec des jumelles de sa classe et faisaient la chasse « aux meilleurs points ». Il avait aussi un super copain prénommé Vincent Petit. Ils étaient inséparables et jouaient au football à la cour de récréation. En primaire, il faisait partie des meilleurs élèves. Par la suite, il n'a jamais vraiment eu de gros soucis scolaires. Mais il faut simplement penser que Vincent avait une journée et un horaire ne lui laissant aucun répit. Tenant compte de ce point, il n'y a rien à redire. Cette vie scolaire est nécessaire à son équilibre, elle est salvatrice. Nous, les parents, sommes conscients que les 80 % qu'il adore atteindre à l'école primaire ne seront plus une obsession pour sa réussite scolaire.

Son parcours à Anderlecht n'a pas toujours été simple. Mais c'est propre au monde du football, c'est général. Je pense faire partie des parents qui ont le plus mis à l'épreuve le club. Nous réagissons et nous n'avons pas peur de solliciter la direction quand c'est nécessaire. Il y a une certaine désorganisation qui échappe au contrôle.

Quand il est en minimes, après avoir fait son stage à Brasschaat, près d'Anvers, l'entraîneur de Vincent nous fait part de sa décision concernant la sélection. Personnellement, je ne sais pas de quoi il parle. Il m'annonce que Vincent ne reste pas avec les élites nationales. Honnêtement, ça ne change rien pour la famille, du moment qu'il joue et qu'il s'amuse, c'est le principal. Mais je ne connais pas le système mis en place à l'époque. En effet, les élites viennent également participer aux matchs des provinciaux (équipe de Vincent à l'époque), empiétant fatalement sur leur temps de jeu. Je remarque très clairement que ces enfants-là doivent être formés et performés. Cependant, quand il faut aller jouer des tournois, contre des équipes assez fortes, Vincent est appelé à jouer avec les élites alors qu'il ne s'entraîne pas avec elles. On se rend vite compte que le petit Bruxellois tient la route. Il sort progressivement du lot. Je n'en ai que pour souvenir le tournoi international à Bassevelde, à l'initiative de Ludo Martens, échevin dans cette commune et père du joueur Maarten Martens, où Vincent est le plus jeune de l'équipe élite. Ils gagnent à 10 contre 11. Il a la position d'arrière central et tient à lui seul la défense. Il n'a rien lâché.

Dans ce temps-là, il faut vraiment suivre son enfant et la famille le fait avec toutes ses « tripes », jusqu'à enlever Vincent de l'entraînement pendant une semaine pour bien faire comprendre notre mécontentement au club. Lors d'un match à Deinze, quand il est en minimes (mes souvenirs concernant l'âge ou la catégorie peuvent parfois être mélangés), la défaite de l'équipe sera mal acceptée. Le staff mettra à mal l'attitude de Vincent sur le terrain. Lorsqu'Anderlecht encaisse un goal, l'un des joueurs de l'équipe, le capitaine, crie de manière nonchalante « Comment vous pouvez laisser passer ce goal ? », un message qui vise la défense, et donc Vincent, qui rétorque aussitôt : « Il faut respecter ceux qui gagnent et on ne peut s'en prendre qu'à nous-mêmes si on ne marque pas de goal ! » Je n'y étais pas, mais sa maman a assisté à la scène et me l'a rapportée comme à son habitude.

Les parents des joueurs de Deinze sont unanimes face à la réaction de Vincent et soutiennent ses paroles. Jo en fait de même, sans oublier de faire remarquer à l'entraîneur remplaçant que son fils a raison. D'ailleurs, elle avait carte blanche pour dire tout haut ce que je pensais tout bas. Elle est blonde, je suis Noir. Il y a vingt ans, ce n'était pas comme aujourd'hui. Qu'aurait-il pensé si je m'en étais mêlé pour rectifier le tir ?

Parfois, je suis gêné, car elle n'y va pas toujours avec le dos de la cuillère, mais je suis là pour amortir les chocs ! L'entraîneur de remplacement rapportera les faits à la direction en mettant Vincent en faute, sans s'intéresser au comportement du jeune capitaine. Ma réaction est simple, il faut immédiatement mettre de l'ordre dans ce genre de faits. Vincent n'ira pas de la semaine à l'entraînement. Évidemment, pour un jeune garçon, il est difficile de comprendre pourquoi il ne peut pas y participer. Nous prenons le temps de lui expliquer. Vincent nous a toujours fait confiance et n'a jamais remis en doute nos décisions et nos actions.

Nous avons envoyé un courrier postal au domicile privé de Philippe Collin (cousin de Roger Vandenstock), secrétaire général du RSCA, et à son bureau. Nous expliquons la situation et demandons une réunion collective dirigée par Werner Deraeve, directeur des jeunes RSCA. Entre-temps, c'est la semaine où toutes les équipes des jeunes se sont fait « ratatiner » par le club de Lierse.

Lors de cette réunion, le directeur technique fera remarquer que le papa Kompany demande que l'on traite Vincent comme les autres enfants, et ce, dans toutes les situations. J'ai pu expliquer tous les dysfonctionnements qui, à mes yeux, pouvaient être évités, ainsi que les prises de position très souvent subjectives.

Ce n'est pas la seule réunion que je demande à avoir avec la direction. Un autre incident du même genre a lieu. Vincent est appelé à participer à un tournoi à Rennes avec les cadets, une catégorie supérieure à la sienne. Cette fois-là, on ne l'accompagne pas. On se dit que, puisqu'il joue avec les cadets, il est peu probable qu'il soit présent sur le gazon. Or il fera tous les matchs. Quelques semaines plus tard, il participe à un tournoi qui est prévu avec sa catégorie. Rien d'anormal et d'illogique à cela ! Lorsque je viens déposer Vincent à l'entraînement, Michel Punga, l'entraîneur des cadets, m'interpelle : « Pierre, je suis désolé pour Vincent. Il ne peut pas participer à son tournoi, car il m'a accompagné à celui de Rennes. J'aurais pu amener n'importe qui, mais pas lui, il était sanctionné. » Je lui réponds : « Michel, t'es Noir, je suis Noir. Je ne vais pas te mêler à ça ! » Une sanction ?

Je suis rentré à la maison avec Vincent. Pas d'entraînement. Nous renvoyons une lettre à Philippe Collin, le patron des jeunes. Même cinéma. C'est simple, j'écris : « Si Vincent ne voyage pas avec les enfants de son âge, comme c'est prévu, nous ne l'amenons plus aux entraînements. » La fin de la saison est proche. M. Colligion, qui fait partie de la direction, responsable des Infrastructures, me dit qu'il désapprouve les sanctions. Il estime qu'il y en a déjà assez à l'école et à la maison. Je connais la nature humaine. À l'entraîneur, il dira certainement le contraire. L'équilibre est rétabli... Le lendemain matin, mon téléphone sonne. L'entraîneur sanctionnateur est au bout du fil : « Monsieur Kompany, Vincent doit revenir s'entraîner, c'est un malentendu. »

Quand j'arrive à l'entraînement avec Vince, un jeune joueur congolais, Joël, se trouve là également. Le papa du joueur vient vers moi et entame immédiatement la conversation : « C'est bizarre, au match qui a eu lieu à Deinze, avec Vincent, mon fils n'a même pas fait une mi-temps. On l'a sorti presque tout de suite. Je suis étonné de voir qu'il fera partie du tournoi, en plus sans Vincent. »

Je rétorque : « Ton fils joue mieux que certains, il n'a pas besoin d'être là quand Vincent n'est pas là. Ils nous laissent, en fait, nous dépatouiller entre nous. »

« Pour moi, Vincent doit jouer, c'est notre meilleur défenseur. Je ne vois pas à quoi on s'amuse », me dit-il.

C'est évident. Le staff a pris cet enfant pour remplacer Vincent. « Un Noir pour remplacer un métis », et il nous laisse gérer le problème entre nous. Ce qui n'arrivera pas. Finalement, son enfant ne participera pas à ce tournoi. Et le papa n'ira pas à l'encontre de cette décision. Moi je l'aurais fait ! Ils espéraient peut-être que la situation s'envenime entre les deux parents. Pourquoi jouer cette partie ?

En dehors des injustices et autres, tous les parents sont les plus grands fans de nos kets ! D'ailleurs, le journal local de la ville de Sens, en Bourgogne, nous a reconnus comme les « meilleurs supporters du tournoi ». Nous passons de merveilleux moments où amusement et joie sont les maîtres mots. Nous sommes tous sur un pied d'égalité, présents pour supporter nos enfants.

Lorsqu'il a 14 ou 15 ans, certains joueurs d'Anderlecht sont sélectionnés pour jouer en équipe nationale. Quand c'est au tour de Vincent, les bêtises ne tardent pas. L'entraîneur, comme par hasard, favorise certains enfants qui viennent d'un autre club avec un entraîneur qui lui est directement lié ; club et entraîneur dont je tairai les noms. Du copinage. Très vite, il sort mon fils des rails. J'acquiesce. Je ne vais pas à l'encontre de la décision d'un entraîneur comme certains parents. Il fait partie de l'équipe nationale, tant mieux, il n'y est pas, ce n'est pas un drame.

Lors d'un tournoi international organisé à Malines, ce même entraîneur me demande finalement si Vincent peut revenir dans l'équipe nationale et participer à un tournoi en Pologne. C'est une des rares fois où l'on me demande mon avis et je commets l'erreur de dire oui, mais les événements prendront néanmoins une heureuse tournure par la suite. L'entraîneur national a tous les droits et je ne comprends pas très bien pourquoi il me demande la permission… Soit.

Lors du premier match, il met Vincent sur le banc et le fait jouer quelques minutes à la fin du match comme avant-centre, alors qu'il est déjà défenseur confirmé. Le match suivant, il est à nouveau sur le banc. Une personnalité incontournable du football est présente, Uli Hoeness, footballeur allemand et joueur professionnel au cours des années 1970. Il occupe le poste de manager du Bayern Munich entre 1979 et 2009 et en devient le président en novembre 2009. Il demande à mon fils si ses parents sont présents. Prendre une semaine de congé pour assister à un tournoi n'est pas faisable. Il remet sa carte à Vincent et l'entraîneur le remarque de loin. Tout le monde connaît cet homme. Ça ne tarde pas. Quelques jours passent et

Uli m'appelle, en anglais. Il me prévient que les Hollandais vont descendre et venir voir Vincent lors d'un match à Neerpede. Il travaille avec une cellule qui s'occupe de recruter les talents dans le Benelux. Anderlecht ne perd pas de temps et réagit.

C'est ainsi que le RSCA vient rapidement me proposer de signer une « convention » qui lie mon fils à ce club. Ce sera son premier « contrat » : mise à disposition d'une voiture, compensation financière qui couvre les frais de déplacement, d'essence, de commodités diverses (hôtels, repas). Pour être clair, c'est ce à quoi nous avions droit. Jusque-là, tous ses frais sortaient directement du « compte ménage » (en diablotins, préminimes, minimes, cadets). Citons par exemple le tournoi qui a eu lieu en Bretagne où nous nous déplaçons en famille ou celui à la ville de Blois. Non seulement nous prenons connaissance des tournois une ou deux semaines à l'avance, donc, il est difficile de s'organiser, mais en outre, tous les frais sont à notre charge, ce qui, en passant, est le cas pour tous les Bruxellois sélectionnés à l'époque.

Parallèlement, les joueurs recrutés ailleurs, on les appelle « les transferts », sont au courant depuis bien plus longtemps et pourront s'organiser au préalable… avec la quasi-totalité des frais pris en charge par le club. Heureusement, jusque-là, Jo et moi sommes des employés avec des revenus décents, sans quoi nous ne pourrions pas suivre ce rythme.

Les joueurs bruxellois ont longtemps été défavorisés par rapport aux recrues, souvent des Limbourgeois, s'entraînant au centre du RSCA situé à Ophoven (qui n'existera plus), dans la province de Limbourg. Ils participent aux entraînements à Anderlecht une fois par semaine et jouent les matchs et tournois au même titre que les Bruxellois, mais ils bénéficient d'un dédommagement financier et d'un traitement de faveur sous prétexte qu'ils font de la route et qu'ils viennent de loin. Ce n'est alors pas « correct » de les laisser sur le banc ! Je me permets, en ce temps-là, de dire à Jean Dockx[33], qui a été un personnage emblématique et historique du RSCA (et qui décédera malheureusement en 2002), que le système actuel mis en place ne permet à aucun joueur bruxellois d'être en attaque ou au milieu car il faut laisser jouer ceux qui viennent de loin. Chez les jeunes, on va chercher ailleurs des attaquants et/ou des milieux, plus que des défenseurs. C'est, selon moi, un très mauvais calcul et ce sont nos kets de Bruxelles qui en pâtissent. Je me dois de le signaler.

Nous sommes ravis de ce qui arrive à Vincent, mais nous n'allons pas changer radicalement notre vie pour autant. Tout le monde le connaît, les gens du quartier auxquels il parle, le concierge de l'immeuble qui l'accompagne parfois aux matchs, mon ami René Kisoso et les petites mamies à qui il fait la bise.

Vincent est sollicité très jeune et très rapidement par des clubs de l'étranger : Ajax, Lille, Le Havre, PSG, Marseille, La Juventus, même le Bayern de Munich… Un respect mutuel s'est installé entre la direction sportive et nous, les parents. Dès que le club reçoit une proposition de transfert, il joue cartes sur table et nous en avise. La décision finale revient à la famille. Sa maman et moi ne sommes pas spécialement touchés par toute cette effervescence. L'école reste toujours la priorité (je crois avoir écrit cette phrase un bon nombre de fois). Si on avait donné notre accord, il serait devenu professionnel bien plus tôt, mais avec quel bagage ? Sans diplôme et sans éducation familiale ? Et l'argent n'est pas du tout au centre des décisions,

---

33 Jean Dockx remporte avec Anderlecht tous les titres et records en tant que joueur. Il met un terme à sa carrière de joueur à l'issue de la finale de la Coupe des coupes 1978, lors de la victoire d'Anderlecht au Parc des Princes face à l'Austria de Vienne. Puis il fait partie de l'encadrement technique bruxellois à différents postes pendant dix-huit ans : comme entraîneur adjoint, principal, co-entraîneur *ad interim*, responsable de la prospection et conseiller technique (« Jean Dockx », *Wikipédia*, 07/02/2019).

au contraire. Les déclarations à la presse de sa maman à ce sujet parlent d'elles-mêmes.

Vincent s'affirme de plus en plus. Anderlecht tient à le garder au sein du club. Ils connaissent son potentiel. L'un dans l'autre, c'est un bon deal. Vincent continue à se former dans un excellent club jouissant d'une formation de haute qualité, tout en combinant ses études et sa vie de famille auprès des siens. Pierre Leroy, *team manager* en son temps, est le protecteur des joueurs. Il amène la paix au sein de la maison du RSCA. Quand Vincent n'est pas toujours ponctuel aux entraînements, ce qui est souvent critiqué, il le « protège ». Vincent ne traîne pas dans les rues, après l'école, c'est immédiatement direction le gazon vert. Un cours qui se termine tardivement, un bus qui n'est pas à l'heure… ça engendre facilement du retard.

Ce qu'il faut gérer également et qui s'avère une totale inconnue à nos yeux et surtout pour Vincent, ce sont les médias qui le sollicitent à n'en plus finir. Je ne vais pas faire leur procès, car je respecte beaucoup les journalistes en général, mais la presse n'est pas toujours au service du joueur. Vincent me dira qu'il est chaque jour surpris de l'ampleur prise par certains détails. On lui demande, par exemple, comment se sont passés ses examens et, poliment, il répond. Le lendemain, cela se retrouve à la une de certains journaux. Il n'avait pourtant pas l'impression de divulguer une information capitale. Il est bon élève donc, en soi cela n'a pas vraiment d'impact sur lui, mais imaginez qu'il rate un ou plusieurs examens… ça peut être assez embarrassant. Avec le temps, il deviendra un expert en communication, face aux médias du monde entier avec une élocution hors norme, et ce, dans plusieurs langues.

Si je dois évoquer l'un des nombreux matchs de Vincent, je pense que c'est véritablement lors de celui de la Ligue des champions contre le Celtic Glasgow que Vince, le joueur, a pris une tout autre dimension. Lors de cette rencontre, le capitaine, Glenn De Boeck, qui évolue au poste de défenseur, est exclu après une demi-heure et, bien qu'Anderlecht soit réduit à 10, Hugo Broos, l'entraîneur, décide de poursuivre avec trois défenseurs pour l'emporter finalement (1-0). Mon fils joue en vieux briscard et tient excellemment bien son rôle de défenseur. Il récidivera, et Anderlecht aussi, contre Lyon (1-0) et même au Bayern Munich (défaite 1-0).

Il apprend ainsi à partager la défense avec le Finlandais Hannu Tihinen, lequel me demande si je suis le papa de Vincent. Il me dira dès le premier jour d'entraînement que Vincent sera un grand joueur.

Premier contrat à Anderlecht en 2003, Vincent a 17 ans.

Son agent, Jacques Lichtenstein, négocie le contrat professionnel avec la direction du RSCA, mais je rectifie certaines conditions. Je suis très ferme. Je fixe les limites. Finalement, il aura le plus gros contrat de l'époque en déclaré ! La somme brute atteint le million d'euros annuel. Je tiens à clarifier ce point. De ce million, le fisc prend sa part qu'il réinjecte dans les recettes nationales.

Sa maman dira que ce salaire est indécent. Par rapport au salaire que gagne la population moyenne, effectivement, elle a raison, mais nous sommes dans le monde du football et les règles sont complètement différentes. Vincent, lui, ne s'occupe pas trop de l'argent, il pense surtout au jeu.

Il gagne bien sa vie, c'est certain, mais je lui dis que ce qu'il vit peut s'arrêter demain et que tout ce qu'il a, il peut le perdre.

Nous créons la société Team Consulting, qui vit grâce à Vincent. Lors de l'achat de la maison à Ganshoren, nous demandons un prêt à la banque. Il n'y a que le gérant de Belfius/Dexia de Dilbeek qui comprend, grâce à son adjoint, de l'importance d'un contrat RSCA, et il accepte donc de nous accorder le prêt. Les autres organismes financiers sont réticents face à ce genre de contrat. La somme apposée sur le papier n'y change rien.

J'ai toujours en tête que ça peut s'arrêter demain. Je gagne ma vie, mais la somme à rembourser est importante, et si jamais cela s'arrête… il faut que nous puissions continuer à la payer. D'ailleurs, quand il est transféré à Hambourg, je me suis rendu à la banque pour réduire les mensualités pour la maison. Dans ce genre de transaction, on perd de l'argent. La banque me met en garde, mais je leur réponds : « Je préfère perdre de l'argent quand j'en ai que perdre de l'argent quand je n'en ai pas. »

Je pense avant tout à la sécurité, et j'ai éduqué mes enfants dans cette optique. Vincent m'a rappelé un jour : « Pa, je n'ai jamais oublié ce que tu m'as dit. Que les hommes de la famille avaient eu beaucoup d'argent et qu'un jour, ils ont tout perdu. » Ce qui s'apprend tôt ne s'oublie jamais. Cette phrase, il ne l'a jamais négligée.

En 2006, il signe avec Hambourg. Le plus gros transfert de tous les temps du club. Douze millions d'euros pour un défenseur. Brusquement, on arrive dans une autre dimension. Mais la grosse surprise se produit à notre arrivée à Hambourg. Il est presque minuit. On vient nous chercher à l'aéroport et on nous conduit tout de suite au stade. Le président et l'entraîneur nous accueillent. Ils allument, pour nous, la nuit, les énormes spots du stade. Imaginez-vous cette image : mon fils, le manager et moi marchant côte à côte sur la pelouse du stade d'Hambourg à minuit ! J'ai l'idée de prendre un morceau du gazon comme souvenir, mais envahi par mes émotions, je n'y pense plus. Le lendemain, Vincent ne peut ni s'entraîner ni jouer tant que l'assurance n'est pas en ordre rapidement. C'est la première chose qu'il fera.

Je voyagerai également avec mon ami Gonzo pour aider Vincent à choisir son nouvel appartement. Gonzo est inspecteur, habitué aux problèmes liés à la sécurité. Il me dira tout de suite que le premier appartement que l'on visite n'est pas le plus pratique. Finalement, Vincent optera pour un beau rez-de-chaussée avec un grand jardin situé dans un quartier calme, où la police passera souvent, car une personnalité de l'Ambassade des États-Unis y réside. Ce sera son premier appartement. Je m'assure que tout se passe bien pour lui. J'assiste à son premier entraînement.

C'est un changement radical de mentalité et d'atmosphère. On est passé au rang supérieur. Je ne change pas pour autant. Je suis toujours professeur, actif en politique et très accessible. Mon train-train quotidien se poursuit. Cependant, le sentiment de sécurité est bien plus présent. Là où nous dépensions de l'argent, nous ne devons plus le faire. Vincent a toujours pris soin de sa famille et mis des moyens à disposition. Quand on accède à autant d'argent, on n'est pas le premier, et on ne sera pas le dernier. Il y a deux voies possibles, où l'on va dans l'excès… qui tue, ou l'on choisit la voie de la « modestie intelligente ». Avec cette masse d'argent, on peut faire beaucoup de bien aux autres, se protéger ainsi que sa famille, en mettant tout le monde à l'abri pour l'avenir et en faisant en sorte de connaître les meilleures conditions au quotidien, ce qui est le cas de Vincent. Il est plus facile d'écrire d'une personne qu'elle a dilapidé son argent dans les casinos, les jeux ou tout autre vice, mais on n'écrira pas les efforts qui sont réalisés pour faire fructifier son avoir, en tenant compte aussi des difficultés de la société dans laquelle on vit, et procéder à un partage à son niveau, comme on le peut. En sachant, bien entendu, que personne ne peut remplacer l'État, garant de la cohésion sociale. Car on n'est pas l'État !

Mon fils s'investit au mieux pour la société de demain. C'est de cette manière qu'il crée en 2010 l'asbl VICA (VI pour Vincent et CA pour Carla, son épouse), depuis l'Angleterre. L'association travaillera avec une maison de jeunes du quartier nord de Bruxelles où il a grandi, sans oublier les enfants de Manchester, sous la direction d'Anne Charlotte, amie de longue date, qui a étudié à Solvay. Le but est d'encourager le développement des jeunes, et ce, dans tous les domaines (le sport, les études, etc.).

Il y a également la création du BX Brussels, un club de football où les ambitions sportives passent au second plan. L'essentiel est le travail d'insertion sociale, de réussite scolaire, d'apprentissage des langues et d'éducation réalisés avec plus de mille jeunes bruxellois, pour la plupart issus de quartiers où les enfants, souvent d'origine immigrée, ne grandissent pas avec les mêmes chances de départ que les autres.

Vincent a écrit une lettre ouverte sur le site bxbrussels.com où il explique les raisons de son implication :

> « La jeunesse des 19 communes bruxelloises est aussi la richesse de la région et je crois pleinement en ses qualités et son potentiel, que l'on a aujourd'hui trop souvent tendance à ignorer. J'ai grandi à Bruxelles. Je suis l'un d'eux, et je sais qu'ils sont capables de réaliser de très belles choses, moyennant quelques efforts. Et à condition qu'ils reçoivent leur chance.
>
> Si j'ai donc décidé de m'engager en faveur d'un club bruxellois, c'est pour créer une filière (modeste) qui offrira des opportunités. Si le choix de Bruxelles est évident, il en va

de même pour le football : ma famille y est irrémédiablement liée. Nous avons reçu des opportunités et nous les avons saisies. Nous savons donc bien de quoi nous parlons.

Pour maximiser ces chances, j'entends miser pleinement sur l'encadrement, afin que les jeunes n'apprennent pas seulement comment bien pratiquer un sport, mais qu'ils soient également guidés socialement dans leur vie (souvent complexe). À terme, ce projet doit devenir bien plus qu'un simple club de football [...]

Avec la direction actuelle, les joueurs et les supporters, nous souhaitons, en toute sérénité et modestie, jeter les fondations d'un club bruxellois qui symbolisera le positivisme et la passion, et qui signifiera quelque chose.

Je n'utilise d'ailleurs pas le mot "fondations" par hasard : on commence à zéro ! »

Le Club BX Brussels, qui a fêté ses cinq ans il y a peu, est, au départ un projet familial. Ma fille Christel en est la présidente et je suis le correspondant qualifié, lien entre l'Union belge et le Club. Le nouveau complexe sportif est situé sur la route de Lennik et comprend deux terrains de football, dont un synthétique, ainsi que des vestiaires et un club-house. Les travaux ont été réalisés pour fournir au club des infrastructures sportives durables, qualitatives et répondant aux normes d'hygiène, permettant la pratique du sport dans toutes les conditions météorologiques. Le projet du complexe sportif est financé à 60 % par la Région de Bruxelles-Capitale, la commune d'Anderlecht ayant pris le reste à sa charge. Le club est désormais gérant de la concession sportive communale.

Quelque quatre cents jeunes footballeurs s'entraînent et jouent toutes les semaines. Plus qu'un club de foot, le BX ouvre à ces jeunes de nouveaux horizons. Le staff travaille avec les familles sur l'aspect social et développe des projets spécifiques pour les réfugiés, comme la Homeless Cup. Sans oublier le Bempt à Forest et le Black Star qui s'y rajoute, comptant au total plus de mille deux cents enfants, des entraîneurs, des délégués, des responsables.

Il y a également l'association humanitaire SOS Village d'enfants Kinshasa, dont Vincent devient l'ambassadeur international en 2014 (j'en parle dans le chapitre « Retour au pays ») et à laquelle il reverse systématiquement ses primes de matchs en équipe nationale.

Puis, plus récemment, Tackle4MCR, à l'initiative du maire de Manchester, Andy Burnham, et de Vincent, qui s'attaquent au problème du sans-abrisme dans les rues de la ville. Un dîner de gala où les célébrités et les dirigeants d'entreprise se sont réunis en février 2019. Des mises aux enchères lors de cette soirée où l'on a notamment vu la guitare de Noel Gallagher, du groupe Oasis, partir pour plus de 60 000 livres sterling. La générosité des uns et des autres a été totale.

Citons encore le #footballfriday, une campagne participative en collaboration avec Hits Radio Cash for Kids et le Jubilé du 11 septembre 2019, qui a rassemblé des joueurs de prestige pour un match de légende au stade de Manchester. La totalité des bénéfices a été versée à l'association pour lutter contre le fléau vécu par les sans-abri.

Aujourd'hui, cette exhibition est classée 30e des matchs les plus vus en Angleterre.

Par ailleurs, c'est grâce à Vincent que je ferai presque le tour du monde. J'assisterai à l'enterrement d'une des personnalités les plus emblématiques et chères à mon cœur, Nelson Mandela. J'assisterai à la finale de la Coupe intercontinentale à Abou Dabi où TP Mazembe est présent, j'irai en Australie pour la finale Melbourne-City, où je rencontrerai Mike Summerbee[34], ambassadeur de Manchester City.

Cet homme n'est autre que l'un des acteurs du film *À nous la victoire*, sorti en 1981, aux côtés de Pelé et Paul Van Himst. Se retrouver dans le stade et fréquenter du jour au lendemain ce monde-là, c'est juste impressionnant. Mais, comme à mon habitude, c'est un sentiment qui passe très vite… Je reste très simple.

N'oublions pas le Brésil pour la Coupe du monde. Singapour, Hong-Kong, la Chine… sans compter tous les pays d'Europe, la liste est très longue. Et, à chaque voyage, je pars avec un ami qui m'accompagne pour que je ne sois pas seul, aux frais de Vincent.

Face au « spectre de l'argent », mes enfants sont très différents.

François est plus « cool ». Il est comme moi. Je ne suis pas attaché à l'argent : « Rien n'est jamais acquis, il ne faut pas faire de folies. » Christel a un besoin de sécurité qui se traduit par la nécessité d'avoir des biens matériels. C'est une femme d'affaires

---

34 Footballeur anglais, qui évoluait au poste d'attaquant à City et en équipe d'Angleterre. Il dispute sept cent neuf matchs dans les championnats anglais, inscrivant un total de nonante-deux buts. Il réalise sa meilleure performance lors de la saison 1967-1968, où il inscrit quatorze buts en première division avec le club, remportant par la même occasion le titre de champion. Avec l'équipe de Manchester City, il dispute deux matchs en Coupe d'Europe des clubs champions et treize matchs en Coupe d'Europe des vainqueurs de coupe. En Coupe des Coupes, il inscrit un but contre le club de Lierse, en novembre 1969. Il remporte cette compétition l'année suivante. Il est entraîneur-joueur de Stockport County à la fin de sa carrière (« Mike Summerbee », *Wikipédia*, 18/08/2019).

hors pair. Vincent gagne certes beaucoup d'argent, mais cela ne l'empêche pas d'être très attentif aux chiffres. Je sais que beaucoup de gens aiment savoir ce qu'il gagne, ce qu'il fait avec cet argent... je leur répondrai que « compter la fortune du voisin n'a jamais rendu heureux ».

Cela étant dit, je tiens à être très clair sur l'aspect financier, qui pose beaucoup de questions. J'entends circuler de nombreuses rumeurs basées sur le fait que nous avons été une famille en « galère », que nous avons connu « le fond du trou » ou que nous « avons manqué d'argent », et j'en passe. Je tiens à souligner que je viens d'une famille très aisée. En Afrique, je n'ai jamais manqué de rien, que du contraire. Arrivé en Belgique, je me suis très bien débrouillé. Le football amateur avec les amis m'a permis, dans mon temps, à mon niveau, de combler les manques, si manque il y a eu, et d'arrondir largement mes fins de mois. Par la suite, j'ai été nommé manager chez DHL et Jo, chef de service à l'Orbem.

À deux, nous avons été très à l'aise. Lors de mon licenciement, j'ai reçu une très grosse somme d'argent qui m'a permis d'investir dans mon invention, tout en continuant à subvenir aux dépenses de la famille, sans jamais devoir aller au chômage ou au CPAS, ou quémander une quelconque prime ou aide au Sporting d'Anderlecht. Lors de ma séparation, je touche un salaire plus que décent, en tant que professeur puis échevin, qui me permet de continuer à vivre de la même manière. Évidemment, de deux revenus, je suis passé à un seul. Ce qui est un peu plus dur, mais ça n'a pas duré longtemps. De plus, Vincent gagne déjà sa vie. Si nous avions eu autant besoin d'argent, comme certaines personnes peuvent le prétendre, nous aurions depuis longtemps accepté le transfert de Vincent vers d'autres clubs étrangers. Dans la famille, si nous sommes des battants et que nous avons atteint le top, c'est uniquement parce que c'est en nous et non pas parce que nous avons dû survivre ! Et ce, depuis des générations…

Revenons à la carrière de Vincent. En août 2008, il participe aux jeux Olympiques de Pékin avec l'équipe nationale, avant d'être rappelé en Allemagne par Hambourg. Il insiste. Il tente alors un bras de fer avec le club afin de rester le plus longtemps possible aux Jeux olympiques, mais Hambourg ne cède pas. Vincent est furieux. Le lendemain de son voyage, un voyage très long, Hambourg doit jouer un match très important contre le Bayern de Munich en déplacement. À mon avis, Vincent ne jouera pas, il sera sur le banc vu la longue distance qu'il vient de parcourir. Quoi qu'il se passe, je décide d'assister au match pour le soutenir. Après la mi-temps, il monte sur le terrain et joue le restant du match. Je me souviens qu'il évitera un but à son équipe en se mettant au sol, couché transversalement dans le rectangle, empêchant le ballon de passer. Des goals, il en a sauvé dans sa vie, mais il y en a quelques-uns qui me marquent plus que d'autres.

Que ce soit pour Vincent ou François, à partir du moment où ils sont sur la liste des joueurs qui jouent, je viens les voir. Je veux les soutenir, c'est important pour moi. C'est souvent arrivé pour mon cadet, et, peut-être, le fait de savoir que je suis dans la tribune avec le public lui a donné un peu de courage.

Le club d'Hambourg donne la possibilité à Vincent de se retirer. Garder un joueur qui est mécontent, voire en colère, n'est pas très positif ni constructif. Beaucoup de négociations se font en « sous-marin ».

Le 22 août 2008, le club de Manchester City confirme son transfert pour un contrat de quatre ans, pour un montant de 8,5 millions d'euros. Hambourg y perdra quelques plumes. Il sera considéré comme le meilleur transfert « qualité-prix ».

Mark Hugues se rendra rapidement compte de l'apport de Vincent. Petit à petit il installe sa présence et son jeu. Quand il a 22 ans, Vincent porte exceptionnellement le brassard de capitaine. Mais personne ne s'en souviendra. Pour moi, en tant que "père de", ça ne passe pas inaperçu. C'est déjà un signe fort. Sa vision de la défense est de loin supérieure aux autres. Il évolue sans cesse. En 2011, il sera le premier Belge à remporter la Coupe d'Angleterre et élu joueur de l'année par les supporters. Dans la foulée, il est promu capitaine. Être capitaine, c'est être leader. Il est capable de diriger son équipe et d'avoir une lecture du jeu très précise. Il est invité aux réunions avec l'entraîneur et les dirigeants du club. C'est une marque de confiance et il l'honorera jusqu'au bout. L'affection que les Citizens lui porte est telle qu'une fresque à son effigie est placée à l'entrée du centre d'entraînement des Skyblues. Elle représente « Vince The Prince » qui célèbre son but face à Manchester United en 2012. Le but de la victoire sur un corner tiré par David Silva à la 45e minute de jeu et qui offre à City une très belle occasion de gagner le titre. Ce match sera regardé par plus de 600 millions de téléspectateurs à travers le monde. Manchester United avait, si je me souviens bien, huit points d'avance sur City. Ce que je garde à l'esprit, hormis ce goal, c'est l'interview de Vincent, qui dira : « Nous n'avons rien à perdre, parmi nous, personne n'a encore gagné une coupe d'Europe, parmi nous personne n'a gagné un championnat anglais. On a tout à gagner ! » C'était juste avant le match fatidique. Il a, selon moi, grâce à son intervention, fait baisser la pression de ses coéquipiers. Voilà le moment crucial où il ouvre la marche pour aller gagner le titre.

Je retiens également son dernier match de la saison à domicile contre Leicester (1-0). Il fait les choses en grand : il marque d'une frappe fantastique, loin du but, et donne la victoire aux siens en reprenant la tête de la Premier League.

Je suis un papa comblé, au premier rang, pour assister à l'ovation faite à mon fils lors du tour d'honneur après la victoire par 6-0 en finale de la Coupe d'Angleterre, à Wembley. Des dizaines de milliers de supporters ont entonné, sur l'air de *Mrs Robinson* de Simon and Garfunkel, « *And here's to you, Vincent Kompany, City loves you more than you will know* ». À cet instant, je prends conscience que Vincent est à jamais immortel ! Le moment où il brandit une dernière fois la coupe dans les airs est terriblement émouvant. Pur moment de bonheur familial.

Petite anecdote, je suis un auditeur des *Grosses Têtes* sur RTL-TVI, et quelle n'est pas ma surprise quand j'entends une des questions posées par Laurent Ruquier à ses sociétaires : « Quel est le nom du joueur dont les supporters ont inséré le nom dans la chanson *Mrs Robinson* de Simon and Garfunkel ? » Cela m'a fait sourire.

Vivre tous ces instants est une bénédiction. Je ne sais pas exprimer autrement ce qu'un père ressent lorsque son fils est acclamé et scandé par des milliers de personnes dans un stade. C'est une sensation exceptionnelle.

Vincent, qui a parallèlement continué ses études, est diplômé de la Business School de Manchester. Il a reçu, en octobre 2019, *an honorary doctorate* de l'université de Manchester.

Je suis non seulement fier de son parcours, mais également de l'homme, du père, du mari, du frère et du fils qu'il est devenu.

« Vous étiez au courant du retour de Vincent à Anderlecht ? » La question qu'on me pose sans cesse durant le mois de mai 2019 ! Je réponds : « Joker. » Mon téléphone explose. Peut-on imaginer mieux ? Le fils prodigue de retour dans le club de son enfance par la grande porte.

La vidéo d'annonce des Mauves et Blancs a été visionnée plus d'un million de fois. Les *Like* sur Instagram sont indénombrables.

Le choix de Vincent est le plus passionné et le plus réfléchi des choix, car c'est celui du cœur. Les demandes et les occasions ne manquent pas à Vincent. Il parle six langues, il aurait pu réussir n'importe où dans le monde, mais il a choisi Anderlecht. Son retour est quelque peu controversé, comme à chaque tournant de sa vie d'ailleurs, mais ça fait bien longtemps qu'il ne se soucie plus de sa réputation. Je reste persuadé que la situation va évoluer et qu'une fois de plus, les médias se feront une joie d'annoncer le succès de Vincent.

Ce retour au bercail, c'est la boucle qui est bouclée.

16
Retour au pays

Trente-cinq ans sans que je sois rentré dans mon pays d'origine. Vincent, parrain de SOS Village d'enfants Kinshasa, me propose de l'y accompagner. Je suis très fier de ce qu'il entreprend et c'est avec une grande joie que j'accepte.

J'ai toujours su que j'y retournerais un jour, mais pas dans quelle circonstance. Lorsque mes enfants étaient petits, je leur disais que je les emmènerais dans le pays où je suis né et où j'ai grandi... (ainsi qu'au Brésil, mais ça, c'est une autre histoire). La vapeur s'est inversée. Un changement de rôle. J'irai en République démocratique du Congo (RDC) grâce à eux !

Vincent est impliqué depuis le début dans le projet SOS Village d'enfants (que j'abrégerai sous la forme SOS VE). Quelques années avant son implication, il s'est rendu à Kigali et à Bukavu où des villages SOS VE existent déjà. Outre la délégation de SOS VE, il est accompagné par ses amis d'enfance, Trésor Diowo et Rodyse Munienge, qui font partie de « son noyau dur », ainsi que de Klaas Gaublomme, son responsable communication. C'est la première fois qu'il voyage au Congo. Je lui en ai souvent parlé, mais il se rend compte concrètement de la réalité du terrain, de ses enjeux, de son potentiel, et également de la pauvreté qui y est constante. Ils termineront par la visite de Kinshasa où ils prospecteront avec l'association pour la mise en place d'un village. Il n'a alors que 20 ans et envisage de s'engager concrètement.

Il s'investit davantage en acceptant d'être le parrain de SOS VE Kinshasa. Une superbe initiative qui a un effet positif sur toute la région. Des orphelins retrouvent un nouveau foyer au Village. Ils suivent les cours à l'école où ils font connaissance avec les enfants du quartier. Grâce au programme de renforcement de la famille, SOS VE soutient une centaine d'enfants supplémentaires et leurs familles. Afin qu'elles puissent, à terme, assurer la protection et l'éducation de leurs enfants. Le centre médical et le centre social aident également un certain nombre de familles vulnérables.

Nous nous envolons donc vers la capitale congolaise pour quelques jours. Nous sommes accompagnés d'une délégation composée de journalistes et de plusieurs autres personnes. Grâce à son nom, Vincent attire l'attention des médias et met à l'honneur le travail de SOS VE.

Lorsque je survole le pays – mon pays ? –, je suis toujours autant émerveillé par sa beauté saisissante. Des étendues de forêts à perte de vue, des rivières de diverses dimensions qui traversent les plaines, des collines, des lacs, le fleuve Congo...

À mon arrivée, la chaleur est telle qu'elle me submerge complètement. En accédant à la zone de contrôle située à l'intérieur, je suis surpris de constater que l'aéroport n'a pas vraiment changé. Au contraire, il est plus vétuste. Certes, il y a un salon VIP destiné à la présidence, mais les voyageurs ordinaires, tout comme moi, n'y ont pas accès.

En revanche, ce qui n'évolue guère, c'est « la pièce de théâtre » dans laquelle je me vois obligé de jouer ! Je présente mon passeport, mon carnet de vaccination et un papier que l'on a rempli dans l'avion. Il y est indiqué mes nom, prénom, adresse... et ma profession. Le jeune homme qui inspecte mes documents me dit : « Bienvenue, Monsieur le Professeur. Qu'est-ce que vous nous avez rapporté ? » Je comprends très vite qu'il me demande subtilement un petit billet, et je glisse dix dollars dans sa main. Un autre homme qui se charge de vérifier mon carnet de vaccination me demande de le suivre dans un bureau. « Vous êtes vacciné, mais vous avez voyagé avant le délai prévu, le vaccin n'est pas actif. » Il sort un livre vieux comme le monde, la couverture est très abîmée et les lettres usées. J'arrive tant bien que mal à lire « Organisation mondiale de la santé ». Il parcourt les pages et s'arrête à l'une d'elles. Il commence à me lire quelques phrases surlignées au fluo : « Voilà ce que dit le Droit international de la santé concernant les vaccins... bla-bla-bla, la période d'incubation... et l'amende à payer. »

Nous y voilà.

Je lui réplique : « Monsieur, si vous, vous deviez payer cette amende, combien payeriez-vous ? »

« 60 dollars », me dit-il sans une hésitation. Je les lui donne immédiatement et sans broncher. Je sais que c'est un jeu. Toujours le même.

Le jeune homme qui a inspecté mes documents m'attend. Il prend mon petit bagage et me suit jusqu'à l'extérieur.

L'un des militaires lui demande s'il a changé d'emploi et s'il est porteur.

« Ce n'est pas parce que je suis assigné au service de contrôle que je n'ai pas de frère et que je ne peux pas l'aider. » Il attend aussi son bakchich. Je lui donne un billet.

L'un des journalistes qui nous ont accompagnés, un néerlandophone, est, lui aussi, victime d'un « show ». On lui explique que certains journalistes qui viennent dans le pays sont des espions, et qu'on doit tout vérifier pour s'assurer de sa bonne foi… Il s'en sortira indemne.

Je sors enfin de l'aéroport. La chaleur est omniprésente. Je suis surpris de voir le nombre de voitures de luxe garées à l'entrée. Beaucoup de 4x4.

Nous sommes pris en charge par SOS VE et nous nous dirigeons vers l'hôtel. J'ai la sensation qu'il y a plus de monde que lorsque j'ai laissé la ville derrière moi. Un désordre total. Je suis confronté à une ville totalement métamorphosée, une ville inconnue, dans laquelle circule une foule frénétique. Je suis frappé par la croissance démographique effrénée de la population et la problématique urbaine que celle-ci entraîne. Les bâtiments sont dans un état de délabrement très avancé.

Kinshasa est passée de 1 million d'habitants en 1970 à 17 071 000 habitants pour l'année 2017. Elle est la troisième ville la plus peuplée d'Afrique après Le Caire et Lagos et est considérée comme la plus grande agglomération francophone du monde. Elle figure parmi les capitales les plus peuplées[35].

Une urbanisation anarchique et la présence de nombreuses petites constructions ont littéralement changé le paysage que j'avais gardé en souvenir. Je suis dans un autre monde, dépourvu de tout repère.

Néanmoins, je suis content d'être là. Ce pays avance à cent à l'heure, mais j'ai malgré tout l'impression de revenir chez moi, mes pieds « s'accrochent bien au sol ».

---

35 « Kinshasa », *Wikipédia*, mis à jour le 24/09/2019.

Après une bonne nuit de sommeil, nous commençons notre tournée avec SOS VE. Cette visite des écoles (nous en visiterons deux, dont l'une dans un endroit plus isolé) me redonne confiance en l'avenir. Je suis rassuré d'y rencontrer des enseignants motivés de travailler avec les enfants. On sent qu'ils sont vraiment concernés et désireux de parvenir à un résultat. Les tableaux noirs, l'écriture des professeurs, les élèves qui suivent des cours de sport… Je suis très agréablement surpris.

Je me suis permis de poser des questions aux étudiants sur leur connaissance intellectuelle et sur ce qu'ils apprennent en classe. Effectivement, ils connaissent les réponses. En tant que professeur engagé, je me sens très concerné. Je suis enthousiaste et heureux d'être témoin de ce que SOS VE réalise et apporte concrètement. Je suis très fier aussi. J'ai emporté quelques manuels de cours avec moi que je distribue. Lors de cette journée, nous avons beaucoup échangé nos idées et partagé du temps tous ensemble.

Les enfants nous montrent également leurs prouesses, non pas au football, mais en athlétisme. Tout de suite, je suis transporté dans mes souvenirs. Je m'approche d'une jeune fille et lui explique que ma propre fille a fait, elle aussi, de l'athlétisme et que c'est une championne. Je lui promets de lui envoyer du matériel qu'elle pourra certainement utiliser. À mon retour en Belgique, je me rendrai compte qu'envoyer ce que je lui ai promis s'avérera très compliqué. Elle ne le recevra jamais. J'ai une dette morale envers elle. Je ne l'ai jamais oubliée.

J'ai également tapé le ballon avec les élèves. La balle est un morceau de mousse, enveloppé dans du plastique et fixé avec une corde. Les garçons et filles jouent ensemble, ce qui n'est pas évident là-bas. Voir ce spectacle, les enfants, tous sexes confondus, courir comme des fous me captive. Des femmes, passant par là, se sont même arrêtées pour encourager les filles.

Vincent joue inévitablement au football aussi avec les gamins et ceux du village. Un de ces moments qui ne s'oublient pas.

Le voyage est très court, quelques jours seulement. Mes obligations professionnelles et celles de mon fils ne nous permettent pas de rester plus longtemps.

Je retournerai à Kinshasa pour l'inauguration officielle du Village d'enfants de Kinshasa en 2012.

« Il y a six ans, je suis parti avec SOS à Bukavu, dans l'est du Congo. Le travail de SOS m'a directement convaincu, je suis alors devenu ambassadeur de l'organisation et j'ai soutenu le projet à Kinshasa. Je suis très fier lorsque je vois ce que nous avons réalisé [...] Enfant, j'ai reçu toutes les chances pour réussir. C'est pour ça que SOS est si important, parce que les enfants méritent d'avoir toutes leurs chances. Ils étaient considérés comme les déchets de la société, à présent, ils ont retrouvé un foyer chaleureux[36]. »

C'est mon ami Noël Obotela, mon témoin de mariage, qui vient me chercher à l'aéroport. Après avoir produit une thèse de doctorat en Belgique, il est revenu vivre au pays. Il travaille comme historien à la Faculté universitaire de Kinshasa.

Je me souviens que, ce jour-là, il y a eu une grève des stations-service, l'essence étant rationnée. Une technique pour augmenter le prix du fuel le jour d'après. Nono me donne rendez-vous à une station d'essence proche de l'aéroport et me demande de prendre un taxi pour le rejoindre. Ce que je fais.

36 « Vincent Kompany inaugure le Village d'Enfants SOS Kinshasa », *Ello Mobile* (www.ello-mobile.be), 22/05/2012.

Je rentre dans un taxi, et un général et son subalterne s'immiscent dans la voiture à côté de moi sous prétexte « de me protéger ». Je leur glisse un billet au moment où je sors, c'est ce qu'ils sont venus chercher. Ils auront certainement soutiré de l'argent au chauffeur après ma sortie du taxi.

La politique du nouveau dirigeant influence l'économie de la capitale et du pays en général, ce qui a pour effet d'accentuer la corruption. La réalité du terrain contraste terriblement avec ce que le pouvoir a promis... Cette histoire, je la connais.

J'irai à l'hôtel, celui de mon cousin Martino, Martin Kavala, un ancien général. Il a ouvert ce petit hôtel dans le centre.

Le lendemain, Nono me propose de m'emmener visiter l'ex-Lovanium, l'université de Kinshasa, mon université !

De la ville, une piste de terre monte au campus de Lovanium, où les bâtiments de l'école et du couchage, qui voisinent autour d'une pelouse, sont entourés par des maisons pour les professeurs. Jeunes universitaires, nous pouvions la faire à vélo. Aujourd'hui, un cycliste se tuerait dans la descente sur la route qui est complètement défoncée. Tout a changé. Un état de délabrement général dans ses diverses structures. La piscine est vide. Seul un fond d'eau vert dans un coin stagne, avec des grenouilles qui s'y sont installées. Le terrain de foot est desséché. Ce campus est « en ruines » et illustre la cruelle et désespérante destruction du pays. Des marchands en tout genre sont installés avec leur charrette au pied des bâtiments. Les homes des étudiants sont quasi insalubres. Je constate qu'ils n'ont pas dû être réfectionnés. Les vitres des fenêtres sont cassées, et ce, pratiquement dans toutes les chambres.

Je ne me rends pas à l'intérieur sauf pour aller visiter le bureau de Nono. Et heureusement... J'en ai déjà assez vu de l'aspect extérieur. J'ai du mal à le digérer. Je suis touché. La dame qui s'occupe certainement de son secrétariat a sa bible ouverte et la referme, aussitôt qu'elle me voit. Dans le bureau, les livres s'entassent jusqu'au plafond, signe du grand savoir de mon ami. Preuve aussi des conditions dans lesquelles il doit enseigner. Son espace est très réduit, sans doute le partage-t-il avec quelqu'un d'autre.

J'en profite pour visiter la famille, dont une cousine qui habite dans une cité. Je suis avec mon cousin en voiture qui demande le chemin aux enfants sur le bord de la route. Ils sont là pour désembourber les voitures qui restent bloquées dans les trous des routes délabrées. Je suis étonné de constater qu'il ira de l'autre coté que celui indiqué par les jeunes. « Vous croyez que j'allais passer par là, pour que vous me rançonniez par après ? »

Ma petite-cousine, c'est la fille du cousin de mon père, celui qui le remplacera comme chef. Bénédicte Bilonda wa Kazadi, fille du chef de notre clan. Nous sommes très liés. Perdant la vue progressivement, elle nous quittera quelque temps plus tard.

La situation politique du moment ne me plaît pas plus que celle que j'ai connue.

Je retournerai une troisième fois au Congo, en 2014 si je me souviens bien. Pour le mariage de Rodyse Munienge, l'ami de mon fils Vincent. Je n'y reste pas longtemps. Mes obligations m'en empêchent, et ça me convient parfaitement.

Actuellement, je suis plus en accord avec le régime en place. Malgré ceux qui sont pour ou contre, et je le respecte, nous allons vers un changement. Le pays est rentré dans les règles de l'avancement de l'État de droit. Une démocratie. Les violences s'atténuent. Je suis heureux d'avoir rencontré le président de la

RDC, Félix Tshisekedi, le jeudi 19 septembre 2019. Lors d'une entrevue officielle organisée entre plusieurs membres du cdH, dont le président du parti, Maxime Prévot, et la délégation africaine en visite à Bruxelles, Félix Tshisekedi nous a présenté les priorités de son mandat, en mettant l'accent sur son combat contre la corruption et l'insécurité. Il y a encore du travail, mais, à mes yeux, c'est une lueur d'espoir.

J'y retournerai certainement. Mais je n'ai rien planifié. J'imagine un voyage en famille, si nos agendas nous le permettent, ou un voyage humanitaire.

Malgré tout ce que j'y ai vécu, malgré tout ce que j'ai vu, c'est un lieu particulier où la chaleur humaine est omniprésente. Hormis la misère, la situation politique fragile, les moments de bonheur y sont récurrents.

Il faut y aller pour le comprendre. Quiconque va à Kinshasa a envie d'y retourner.

Mais quand mes pieds se posent sur le sol de Zaventem, je suis rassuré, car je sais qu'ici, je pourrai toujours me défendre, j'ose dire juridiquement, tandis que, de l'autre côté, sur le sol de la RDC, c'est encore le désordre !

17
Bourgmestre de Ganshoren et député bruxellois

Même avant d'être élu, contrairement à ce que l'on pense, j'ai toujours été très actif en politique belge. Militant PS et engagé, je suis présent pour l'un ou l'autre candidat lors des élections. Je distribue les tracts, fais du « porte-à-porte » et je suis régulier aux réunions de section et aux événements. Ma condition d'immigré et, par la suite, mes préoccupations familiales m'ont empêché « physiquement » de me présenter sur les listes électorales et de m'impliquer davantage.

Réfugié, en attente de ma régularisation, je reçois le soutien d'André Cools, homme politique socialiste belge. Je ne peux pas oublier ses mots : « Camarade, tout mon courage. » Il m'écrit de ne pas perdre espoir dans mes démarches et d'être confiant. Une marque d'attention venant d'un homme tel que lui me comble de joie.

En 2006, le Parti socialiste me propose de me présenter aux élections communales sur la liste LB, la Liste du Bourgmestre de Ganshoren, tirée par la bourgmestre socialiste Michèle

Carthé. À 58 ans, l'âge où les hommes commencent à se reposer, je suis 9ᵉ sur la liste. Aux yeux des membres de cette liste, je suis une plus-value, ne nous mentons pas, ma descendance joue pour moi. Mais j'ai également un riche parcours professionnel. Les articles de presse qui relatent mon invention ne passent pas inaperçus. Certains m'ont d'ailleurs vu à la télévision, dans l'émission *Le Jardin extraordinaire*, où je parle de mon invention, de mon éolienne et de mes médailles.

J'accepte avec plaisir la proposition qui m'est faite et je décide de me présenter comme candidat socialiste. « J'aurai du poids », selon certains, donc « je ferai des voix ». « J'avais déjà du poids », selon d'autres, *dixit* « Je ramènerai certainement beaucoup de voix ».

Ce que j'en ai dit dans la presse[37]…

« Souvent les gens parlent de moi comme le papa de Vincent. Mais je ne suis pas que le papa d'un joueur de football de haut niveau. Je suis également un citoyen comme les autres. C'est sûr que la célébrité de mon enfant peut influencer des gens à voter pour moi ; c'est un plus, certes, mais les Ganshorenois qui opteront pour ce choix, je l'espère, verront que, derrière cette figure de père, se cache un homme comme un autre qui a tout simplement élevé son fils du mieux qu'il le pouvait. »

« Quant au choix d'adhérer à la liste de la bourgmestre, je le justifie par le fait que c'est une liste de rassemblement. "J'ai opté pour cette liste tout simplement parce qu'elle regroupe à la fois des néerlandophones et des francophones, un tel rassemblement est symbolique à mes yeux. De plus, ma famille et celle de Michèle Carthé ont toujours été proches depuis une

---

[37] Nawal Bensalem, « Je ne suis pas que le papa de », *La Dernière Heure* (www.dhnet.be), 08/02/2006.

vingtaine d'années, nous nous entendons très bien, c'est donc tout naturellement que j'ai adhéré à cette liste."»

Je suis élu échevin des Travaux publics, de la Mobilité, de l'Environnement et de la Propreté pour six ans à Ganshoren (2006-2012). Ma place ne se discute pas. Honnêtement, je suis heureux ! C'est une victoire personnelle, une revanche sur la vie… ma vie.

N'oubliez pas, ne jamais perdre de vue son objectif…

Beaucoup de mauvaises langues disent que c'est grâce à la notoriété de Vincent que je suis élu, et cette élection va m'offrir l'occasion de les faire taire par mes réalisations lors de cette législature. « On ne peut pas empêcher un père d'être "le père de" et à un fils d'être "le fils de" Il ne s'est pas éduqué seul et il n'a pas grandi seul ! » C'est ce que je réponds le plus souvent.

Je dois être honnête, bien sûr que cela peut faire pencher la balance chez certains électeurs, mais je suis une personne à part entière qui a commencé la politique en République démocratique du Congo (RDC), très jeune.

Ma détermination, mon évolution et ma carrière politique le prouvent.

Quelque temps plus tard, Philippe Moureaux me passe un coup de fil : il veut que je me présente aux élections régionales et fédérales. C'est à l'époque où ces deux élections sont décalées, ce qui n'est plus le cas aujourd'hui.

La liste régionale qu'il constitue est contraignante. Il me soutient que la composer n'est pas chose aisée et le redira publiquement lors de la présentation de la liste aux militants. Je fais partie des candidats avec lesquels l'entente se passe très bien. Je ne revendique rien, du moins pas encore !

J'occupe la 53ᵉ place et mon score est de 2 234 voix aux élections régionales de 2009.

On me demande également de soutenir la liste fédérale : mon score est de 5 646 voix, à la 10ᵉ place aux élections fédérales de 2010.

Par deux fois, j'ai un meilleur score que la bourgmestre de Ganshoren, qui appartient au parti socialiste, comme moi, qui est élue députée régionale avec 2 106 voix (et qui fait 2 732 voix aux élections fédérales). La population de Ganshoren ne comprend pas ce vote. Au vu de nos deux résultats, la plupart des citoyens ignorent l'utilisation « du pot ». Voici une brève explication.

« Lors du dépouillement des votes, la première étape consiste à établir le nombre de voix obtenues par chaque liste (son chiffre électoral) et, sur cette base, à répartir les sièges à pourvoir entre les listes. Au sein d'une liste, pour être élu, un candidat doit atteindre le chiffre d'éligibilité. Cela signifie qu'il doit avoir reçu sur son nom le nombre de voix requis pour avoir droit à un siège, ou qu'il complète ses voix propres par une partie de celles portées dans la case de tête, ce qui suppose qu'il soit aux premières places de la liste de candidats.

Le chiffre d'éligibilité varie d'une liste à l'autre et d'un scrutin à l'autre : il fait chaque fois l'objet d'un calcul qui traduit les rapports de force du moment. Il se calcule en divisant le chiffre électoral de la liste (le nombre de voix qu'elle a obtenues) par le nombre de sièges attribués à la liste plus un. Par exemple, une liste a obtenu 60 000 voix, ce qui lui donne droit à 5 sièges. Le chiffre d'éligibilité sera de 60 000 voix ÷ (5 sièges

+ 1) = 10 000 voix. Autrement dit, tout candidat, quelle que soit sa place sur la liste, qui obtient 10 000 voix est d'office élu.

Ensuite, on ajoute – en les prélevant du pot commun constitué par la moitié des votes en case de tête – des voix aux premiers candidats sur la liste dans l'ordre où ils y apparaissent, en attribuant à chacun le nombre de voix qui lui manque pour atteindre le chiffre d'éligibilité. Une fois le pot commun épuisé, s'il reste des sièges à attribuer, ils reviendront d'abord au candidat qui a obtenu le plus grand nombre de voix de préférence, puis au suivant, et ainsi de suite[38]. »

Lors des réunions de section qui se rapprochent des élections communales de 2012, l'ambiance est assez tendue. Les « guéguerres » prennent le dessus et monopolisent la plupart de nos rassemblements. Mésententes entre membres de la section qui, un jour, en arrivent aux mains… Dans ces conditions, un membre de la section soulève un point crucial qui sera le départ des véritables complications : « Lors des prochaines élections communales, il faut que l'on tienne compte du nombre de voix pour être élu. » La réponse de la bourgmestre fuse : « On n'est pas en Wallonie. »

Les problèmes commencent, le ton s'échauffe, certains quittent la réunion. Je suis de ceux qui restent.

On est appelé en médiation, quelques jours plus tard, chez Rudi Vervoort, chef de groupe socialiste au Parlement. La médiation prend une tournure assez inadéquate et part « en eau de boudin ». Le lendemain, nous recevons un rapport qui ne colle pas vraiment avec la réalité.

Nous sommes également reçus au sein de la Commission déontologique, gérée par Rachid Madrane. Il essaye de nous garder unis. Dans le fond, il a raison, nous sommes une équipe

---

38 « Dévolution des sièges », CRISP (www.vocabulairepolitique.be/devolution-des-sieges).

gagnante. Mais, dans la forme, c'est irréalisable. Chaque personne campe sur ses positions, ses certitudes et ses acquis. La séparation est imminente.

Dès lors, la liste bilingue ProGanshoren fait son apparition. Elle est composée, entre autres, des échevines Laetitia Bergers, Marina Dehing, Chantal De Saeger, moi-même, la présidente du CPAS, Carine Delwit, et des conseillers communaux Diana De Greef, Marc Delvaux, Benoît Parmentier et Frederik Van Gucht, en vue de contrer la bourgmestre Michèle Carthé aux élections d'octobre. La liste est composée de mandataires cdH, CD&V et d'indépendants. Celle qui a trouvé le nom de cette nouvelle liste est Marina Dehing.

Ganshoren : Pierre Kompany présente une liste « de rupture » face au PS

« [...] Pierre Kompany, actuel échevin des Travaux publics et de l'Environnement de Ganshoren, a brièvement rappelé son parcours, signalant qu'il n'était *"pas uniquement le père de Vincent"* [...]

Sa liste ProGanshoren *"souhaite se positionner en rupture par rapport à Michèle Carthé (PS), l'actuelle bourgmestre"*, à qui il reproche immobilisme et méfiance, *"qui rendent difficile la réalisation de projets communs"*.

L'objectif de ProGanshoren est de proposer aux citoyens de Ganshoren une *"politique dynamique dont proactivité, professionnalisme et projets sont les maîtres mots"*, a-t-il assuré.

Pierre Kompany, qui convoitait la première place sur la liste du PS de Ganshoren et refusait de se retrouver derrière Michèle Carthé en vue des élections communales, a opté fin

> décembre dernier pour la liste ProGanshoren, se faisant dès lors exclure du Parti socialiste. »
>
> *Belga News, 05/01/2019.*

Je suis dès lors « exclu » du parti socialiste. Pas besoin de s'étendre sur le sujet.

Nous obtenons la deuxième place en termes de score et décidons d'évincer l'actuelle bourgmestre pour faire une coalition avec le MR et Écolo, en nommant Hervé Gillard au poste de bourgmestre.

> **Élections 2012 : Hervé Gillard (MR) bourgmestre de Ganshoren**
>
> « Une majorité se dessinait dimanche soir à Ganshoren sans la Liste de la Bourgmestre Michèle Carthé. Un document faisant état d'un accord entre la liste ProGanshoren, emmenée par Pierre Kompany, le MR et Écolo existe, a-t-on appris de sources concordantes […]
>
> Ce scénario ne prévoit pas l'attribution du maïorat à Pierre Kompany, mais à Hervé Gillard.
>
> Interrogée dimanche soir, la présidente de la régionale bruxelloise du MR, Françoise Bertieaux, n'a pas démenti l'existence de ce scénario, mais elle a refusé d'en confirmer le caractère définitif […]. »
>
> *La Dernière Heure (www.dhnet.be), 14/10/2012.*

C'est sans compter qu'Hervé Gillard « retourne sa veste ». Sans lui manquer de respect, je désire relater les événements tels que je les ai vécus.

Nous sommes très émus. Cette réussite est celle de toute une équipe. Je me rappelle des militants et des colistiers réunis sur la place Saint-Martin, devant le café Saint-Martin, notre QG de campagne. Nous fêtons notre victoire. Hervé Gillard, le futur bourgmestre, est à ce même instant en train de négocier un meilleur accord avec la liste de la bourgmestre socialiste.

Nous avons attendu toute la nuit que le téléphone sonne, des nouvelles d'Hervé et de son parti… En général, les négociations commencent rapidement après les résultats. Nous, nous avons « juste signé » pour le nommer bourgmestre. Au lendemain des élections, très tôt le matin (nous n'avons pratiquement pas dormi), je reçois un appel de ma collaboratrice, Isabelle, qui m'informe qu'Hervé va donner une conférence de presse vers 10 heures. Elle a eu l'information par un de ses amis journalistes.

Le verdict tombe… nous sommes littéralement abasourdis ! « Le futur bourgmestre de Ganshoren sera nommé avec le soutien de partis qu'il aura renvoyés dans l'opposition. »

Il parle d'un accord politique seulement partiel avec ProGanshoren. « Je dois reconnaître avoir négocié simultanément avec la liste de Madame Carthé et Pro Ganshoren. Et je suis arrivé à un accord plus satisfaisant et plus global avec la liste de Madame Carthé […] Le secrétaire communal, à l'heure actuelle, est en possession d'un seul acte de présentation. » Mais la liste des échevins manque encore.

C'est un cas inédit ! Une première en Région bruxelloise. Nous ne voulons pas en rester là.

Jugeant que l'esprit de la loi a été bafoué, nous envisageons un recours devant le collège juridictionnel de la région bruxelloise. Notre plainte spécifie l'usage anormal de nos signatures.

Notre avocat répondra aux nombreuses questions.

Ce recours s'avère irrecevable. En revanche, la nomination d'Hervé Gillard comme bourgmestre par le gouvernement peut encore être attaquée devant le Conseil d'État.

Nous n'aurons pas gain de cause.

Avec le groupe Écolo, nous introduisons un recours auprès du ministre de tutelle, Charles Picqué, mais, en vain, car le dispositif de la loi communale n'a pas prévu un tel cas de figure.

Nous voilà partis avec Écolo-Groen pour une législature dans l'opposition !

Pendant quatre ans, la commune de Ganshoren ressentira de nombreuses tensions au sein du collège des bourgmestre et échevins. Les rapports entre la Première échevine et le bourgmestre s'avéreront très compliqués : ils se reprochent étonnamment le non-respect de leur préaccord électoral.

Hervé Gillard nous quitte en janvier 2017. À la suite de ce décès, Robert Genard reprend le flambeau jusqu'aux prochaines élections.

La nouvelle loi communale impose au candidat bourgmestre une double majorité. Une majorité de signatures des élus de sa liste ainsi qu'une majorité de signatures des membres du conseil communal. La Première échevine n'a pas réussi à mobiliser pour sa cause une majorité de conseillers communaux, laissant la place au bourgmestre MR. Jean-Paul Van Laethem et Maurizio Petrini, tous les deux échevins et indépendants sur la liste de Mme Carthé, décident finalement de rejoindre le cdH et la liste ProGanshoren. Ils forment avec le MR une nouvelle majorité, tout en ne pouvant pas, selon la loi, obliger la Première échevine et ses échevins à démissionner.

Conscient de mon potentiel électoral, le cdH me propose de me rallier à leur cause en 2012. Lors d'une conférence de presse en présence de Joëlle Milquet, j'annonce mon engagement auprès des Humanistes et je confirme ma présence sur la liste cdH pour les élections régionales de 2014. Cette décision, je l'ai prise sans hésiter. Hormis le fait que j'adhère aux valeurs et au programme de ce parti, on me fait confiance. Ils connaissent ma valeur et je peux, enfin, répondre aux demandes de mes nombreux électeurs. Les opportunités sont à la hauteur de mes ambitions.

Je suis 11e sur la liste Centre démocrate humaniste à la Région, emmenée par Joëlle Milquet et Benoît Cerexhe.

Je fais un score de 2 830 voix et suis élu député au Parlement de Bruxelles-Capitale, ainsi que vice-président de la Commission de l'Infrastructure et vice-président de la Commission des Affaires sociales.

Je suis d'ailleurs réélu aux dernières élections de mai 2019 avec un score de 4 661 voix. Mais ce n'est pas dans les mêmes conditions, autant dire que j'ai sauvé le parti à Bruxelles ! Ça peut paraitre prétentieux de ma part, mais c'est bel et bien le cas. Lors de l'attente des résultats, le moral des troupes est au plus bas… Jusqu'à ce que le score du canton de Molenbeek apparaisse, certains commencent à se demander si je n'aurai pas besoin du « pot » pour passer, une remarque furtive à ma collaboratrice. Je n'en ai jamais eu besoin jusque-là et ce n'est certainement pas maintenant que je dois puiser des voix dans le pot.

Cela étant, lorsque j'apprends ma réélection, je suis mitigé et partagé. Mes sentiments profonds se bousculent. Heureux de mon score, heureux d'être à nouveau député bruxellois, mais sans l'envie de « faire la fête ». Le parti a pris une « claque » pour plusieurs raisons qui ne sont pas l'objet de ce livre… Il n'y a juste pas de quoi se réjouir. Faire la « fête » seul, ou presque, ce n'est pas gai. Respectueux du choix de l'électeur, le parti est, pour cette législature, dans l'opposition à tous les niveaux de pouvoir.

Tête de liste ProGanshoren et candidat bourgmestre, je me présente aussi aux élections communales d'octobre 2018. Au moment de sceller notre accord de coalition, en 2017, nous nous sommes engagés au maintien d'une majorité avec le MR et il est « prévu » que je sois bourgmestre durant la première moitié de la prochaine législature. Mais « prévoir », « calculer », en politique, ce ne sont pas des mots à utiliser, car, finalement, on ne sait jamais ce qu'il adviendra.

Notre liste est en tête avec 28,34 % des voix. Ce n'est pas sans mal… Au sein de ma liste, deux autres candidats briguent le mandat de bourgmestre. « Un Noir sur le point de devenir bourgmestre ? » Pour certains, c'est encore de l'ordre de l'« inconcevable », et ils sont plusieurs à l'exprimer clairement.

Il faut non seulement faire campagne contre les autres partis, mais également au sein de ma propre liste. Des clans se forment… Mais ce qui est clair et authentique, c'est que celui qui fait le plus grand nombre de voix l'emporte. Et ça, c'est non négociable !

Être sur le terrain, rencontrer la population, être à l'écoute des gens, se soucier de leur condition, apprendre des autres et vivre avec, cela est une part intrinsèque de mon quotidien. Je suis « en campagne » chaque jour de l'année. J'aide comme je peux mon prochain et je m'investis sans relâche contre les injustices. C'est ma force. Je suis entier et naturel. Ça plaît ou ça ne plaît pas.

Bien sûr, les critiques fusent par jalousie, par méchanceté ou par bêtise… sentiments humains.

Le soir du 14 octobre 2018, les résultats tombent… la population s'est exprimée, elle veut du changement et du renouveau.

Je fais le premier score avec 1 327 voix et 2 254 voix au total (obtenues après dévolution). *Je suis bourgmestre.*

Mais l'heure n'est pas encore à la réjouissance. Il faut former une majorité, ne pas traîner et surtout éviter un deuxième coup de théâtre comme en 2012. Enfermés dans ce qui deviendra mon bureau, nous, les partis gagnants, composons la nouvelle majorité à huis clos, à l'abri des journalistes…

Mon GSM chauffe, mais mon attention est portée ailleurs, il faut tout finaliser avant de sortir d'ici !

Vers 21 heures, nous donnons une conférence de presse dans la salle du Collège pour présenter la nouvelle équipe : une coalition ProGanshoren-MR-Défi : trois échevins MR, deux échevins et une présidente du CPAS figurant sur ma liste ProGanshoren, une échevine CD&V et un échevin Défi.

À cet instant, je suis dans un tourbillon… Je n'ai pas vraiment le temps de réaliser. Après la conférence, j'ai donné rendez-vous à tous mes « supporters » et mon équipe, sans qui je n'y serais pas arrivé, dans un café à Ganshoren, le Grand-Duc, l'un de mes QG.

Mon plus jeune fils, François, me téléphone et insiste pour que je fasse un crochet par la maison. La surprise est grande, toute la famille est réunie, tout le clan Kompany. Vincent me félicite « *face to face* ». Ils sont heureux et fiers, moi aussi. Quelle consécration !

D'ailleurs, mes deux fils, Vincent et François, font une courte vidéo postée sur Instagram qui fait plus de 200 000 vues, en français, en néerlandais et en anglais.

« Petite dédicace de la part du petit frère et de moi-même à notre papa, qui devient le bourgmestre de Ganshoren. Nous sommes très fiers de toi ! Tu as quitté le Congo pour arriver en Belgique en tant que réfugié en 1975, et te voilà premier bourgmestre noir de Belgique. Il était temps ! C'est historique, nous sommes heureux. Félicitations ! »

Je suis le premier bourgmestre de Belgique originaire d'Afrique subsaharienne. Le premier bourgmestre *noir* !

Je ne suis pas de nature à me mettre en avant ni à profiter d'un quelconque statut, mais ce que je vis est unique et historique. C'est l'accomplissement de toute une vie.

Les jours et les semaines qui suivent sont extrêmement intenses. Mon téléphone et celui de ma collaboratrice explosent littéralement. Plus de soixante interviews en un temps record. La totalité de la presse belge francophone et néerlandophone, presse écrite, radio et télévision confondues. Les médias du monde entier : France, Allemagne, Angleterre, Hollande, Espagne, Italie, Israël, Norvège, Danemark, Suisse, Maroc, RDC, l'Afrique dans sa généralité, la Chine, et j'en oublie certainement… Sans oublier la presse électronique, impossible à quantifier.

Je passe dans le *Petit Journal* de Yann Barthès sur France 24. Son équipe fait le déplacement à ma rencontre, à Ganshoren. Je suis filmé dans les rues de ma commune où je rencontre un grand nombre de la population qui me félicite. Une dame d'un certain âge s'exclamera : « C'est notre Obama » ! Le journaliste me dira : « Vous êtes une vraie star ici, vous n'êtes pas "le père de" mais bien Pierre Kompany, on ne parle pas de votre fils mais de ce bourgmestre noir élu, connu et reconnu de tous. C'est impressionnant ! »

Et puis, il y a le Japon, mon entretien dans le journal le *Mainichi* (environ 5,5 millions d'exemplaires vendus par jour), propriétaire également de la chaîne de télévision TBS : quelques-uns de ses journalistes viennent me rencontrer dans ma bourgade pour interviewer et filmer « Pierre Kompany » pour leur talk-show.

La cerise sur le gâteau : l'Amérique… avec le *New York Times*, l'un des plus prestigieux journaux américains distribués internationalement. Il a dépassé la barre des 4 millions d'abonnés en 2018.

Des milliers de messages : SMS, WhatsApp, Facebook, Instagram, Twitter, dont je ne peux gérer seul les réponses de remerciements… Mais ça doit être fait, j'y tiens. Je veux remercier chacun personnellement.

Ganshoren, ma commune. Mon agglomération, mon village composé de 25 000 Ganshorenois et Ganshorenoises. L'une des dix-neuf communes bilingues de la Région bruxelloise est désormais connue de *tous*. Son nom fera le tour du monde, alors que, jusque-là, on ne s'y intéresse pas vraiment… À la fois champêtre et résidentielle, ancienne et moderne, elle reste exceptionnellement verte et exceptionnellement célèbre depuis octobre 2018 !

Je prêterai serment le 29 novembre 2019, en famille, entouré de mes enfants, de mes petits-enfants et de mes amis.

Dans le quotidien *La Capitale* du 29 novembre 2019, je déclarerai : « Je n'ai jamais été négatif sur la société dans laquelle je vis et, finalement, tout le monde m'a adopté. Et je les ai adoptés aussi. C'est par conséquent un jour spécial aujourd'hui. »

Vincent rajoutera : « Nous sommes fiers de lui car il vient de loin. Il faut placer cela dans son contexte. Cela ne s'était encore jamais produit en Belgique et il était temps. »

L'autre belle surprise, c'est que je ne serai pas le seul bourgmestre d'origine étrangère à être élu, n'en déplaise à certains.

Émir Kir est bourgmestre de Saint-Josse depuis 2012. Il était alors le premier bourgmestre bruxellois d'origine étrangère. Six ans plus tard, Ahmed Laaouej devient bourgmestre de Koekelberg et Christos Doulkeridis sera bourgmestre d'Ixelles. Cela n'a rien de surprenant. Dans certaines communes, la majorité des jeunes qui votent sont issus de familles d'origine étrangère et les résultats l'ont prouvé, ce qui n'est pas nécessairement le cas de Ganshoren où les aînés détiennent un poids électoral.

C'est la suite logique de l'évolution sociologique de notre capitale. Le multiculturalisme, la diversité et la solidarité communautaire sont des caractéristiques propres à notre Région.

Capitale de l'Europe, Bruxelles est une ville culturelle riche et abondante qui constitue un atout exceptionnel.

Je suis un citoyen de Bruxelles.
Je suis un citoyen de la Belgique.

Je suis un citoyen de l'Europe.
Je suis un citoyen du monde !

Pour terminer en beauté avec les surprises, le 11 juin 2019, je suis au perchoir du Parlement bruxellois pour en présider la première séance. Le temps que les partis s'accordent sur une majorité, et dans l'attente de l'attribution de la fonction, la loi veut que la séance soit présidée par le doyen d'âge… Pierre Kompany, 71 ans. Chaque député francophone et néerlandophone prête serment. C'est un privilège qui restera à tout jamais gravé dans ma mémoire et une fierté pour ma famille et mes amies et amis.

Conclusion

Qu'il est difficile de parler de soi et de raconter sa propre vie ! Je livre une part de mon intimité et cet exercice a « remué beaucoup de choses » en moi. Fouiller au plus profond de ma mémoire pour faire rejaillir des souvenirs de mon enfance, de ma vie en Afrique, de l'université, de l'armée, de Kitona, de mon arrivée en Belgique, de mon parcours professionnel et politique, de ma vie de famille, de mes enfants, de ma défunte épouse Jocelyne… tout cela m'a submergé.

Comment ne pas se rappeler que je suis né dans une grande famille où les liens de parenté regroupent de nombreuses ethnies du Congo, d'Afrique et du reste du monde, et que cette diversité se perpétue à travers les foyers constitués par mes enfants.

Un clin d'œil particulier au docteur Étienne Tshisekedi wa Mulumba (mort en 2017), qui n'a jamais soulevé le fait qu'on le traite de « tribaliste » à maintes reprises dans la presse internationale. Il est le père de six garçons, dont l'un est président de la RDC, et aucun n'a épousé une femme venant de sa propre tribu, contrairement à une certaine rumeur…

À 72 ans, je peux dire que ma vie est passionnante et riche en émotions, avec ses hauts et ses bas.

Je suis un privilégié. Entouré d'une famille merveilleuse, depuis ma naissance, et d'amis et d'amies fidèles, j'exerce au quotidien une fonction que j'ai choisie et que j'aime.

Très jeune, j'ai compris que je serais responsable des autres. Mon héritage ancestral, l'éducation que j'ai reçue de ma grand-mère paternelle – qui était obnubilée par ma réussite, celle d'un successeur de chefs –, ainsi que la contribution de mes tantes et de mes oncles à mon éducation, m'ont permis de ne jamais perdre de vue mes origines. Je sais d'où je viens et qui je suis.

Comme l'a dit le docteur Denis Mukwege, personnalité remarquable dont je me sens proche, « [p]our être heureux, il faut être utile ». Mon bonheur, c'est de pouvoir améliorer le quotidien de tout un chacun, à la hauteur de mes possibilités, sans compter.

Mon vécu me permet de mieux comprendre la complexité de l'être humain, ses failles et ses richesses. Je reste convaincu que l'Homme, avec un grand H, doit être une priorité et rester au centre de tous les débats et de toutes les décisions. J'accorde beaucoup d'importance au « vivre ensemble » et à l'intergénérationnel. De ce fait, j'ai commencé à organiser mon Gala de l'amitié qui a lieu tous les deux ans (le 5e s'est tenu en 2018). Lors de cet événement se côtoie tout un monde où les interactions sont nombreuses entre la famille, les amis et amies, les copains, les anciens collègues et élèves des Arts et Métiers, les étudiants de ma promotion à l'ISIB (Institut supérieur industriel de Bruxelles), les colistiers et partenaires politiques, le football, l'associatif… et les artistes. Chacun est sur un pied d'égalité – toute nationalité, toute origine et tout âge confondus – sans préjugés ni jugements, tandis que la convivialité et le bonheur sont les maîtres mots.

Ce livre contient des photos de mon passé et de mon présent. Impossible pourtant de mettre toutes celles souhaitées, tant mon entourage est nombreux et riche de personnalités. Il faudrait un livre entier dédié à mes clichés. Ce qui est certain, c'est que chacun et chacune, vous avez participé à mon évolution et vous resterez à jamais gravés dans mon cœur.

« Les paroles s'en vont, les écrits restent. » J'en profite pour remercier particulièrement mes enfants d'avoir fait de moi un homme comblé, au titre de père et grand-père. Christel, Vincent et François ont un parcours très différent, mais tellement semblable dans l'éducation qu'ils donnent et les valeurs qu'ils transmettent, avec leur conjoint respectif, à mes petits-enfants. Ma lignée… Leur maman, de sa retraite céleste, doit être très fière. Finalement, nous avons réussi le difficile et merveilleux rôle de parents. Et ça, c'est aussi ma plus grande fierté !

Ma différence a toujours fait ma force. Mon respect envers l'autre, un atout.

Je suis *Noir*… et je reçois, lorsque je suis étudiant à l'ISIB en 1990, le prix, d'un montant de 20 000 francs belges, du meilleur mémoire, intitulé *Éolienne à axe vertical à double rotor contrarotatif et à géométrie variable*. Par la suite, je recevrai deux médailles d'or au Salon international des Inventions, à Bruxelles et à Genève.

Je suis *Belge* d'origine africaine et ma défunte épouse, Jo, était Ardennaise de souche (région au slogan bien connu, « Ensemble, une ardeur d'avance »). Nos enfants sont cent pour cent Congolais et cent pour cent Belges, comme l'a si bien relevé mon fils Vincent lors d'une de ses interviews, alors qu'il est jeune footballeur professionnel.

Je suis *Noir*… et j'ai reçu le titre de professeur honorifique.

Je suis *Noir*… et je suis député bruxellois et premier bourgmestre d'origine subsaharienne de Belgique.

Je suis *Noir*… et je suis choisi par la Commission européenne pour être l'ambassadeur 2019 de « la Semaine européenne des compétences professionnelles ».

Je suis *Noir*… et, au moment où ce livre paraît, le conseil universitaire de la VUB (Vrije Universiteit Brussel) a décidé de m'honorer en me décernant le titre de docteur *honoris causa*.

Mon grand-père est à l'origine de notre nom, Kompany. J'ai parcouru 8 000 kilomètres de la RDC vers la Belgique. Aujourd'hui, sans prétention aucune, ce nom est devenu intergénérationnel et presque immortel, appartenant désormais à un patrimoine commun qu'on ne peut pas ignorer.

Je ne compte pas en rester là, il me reste encore des chapitres à écrire…

« Que l'humain l'emporte ! »

Pierre KOMPANY

Pierre Kompany, un prénom et un nom qui resteront gravés désormais dans nos mémoires. Un parcours et une histoire qui, selon moi, se transmettront de génération en génération.

Avant d'être « le père de », Pierre Kompany est un homme doté d'une personnalité haute en couleur. Je l'ai rencontré il y a plus de dix ans, grâce à sa fille Christel. J'ai immédiatement travaillé pour lui. Licenciée en communication, j'ai fait mes armes en politique aux côtés de Charles Picqué, figure emblématique du parti socialiste. Attachée de presse, responsable événements, secrétaire, collaboratrice parlementaire, chef de campagne… ma fonction est aussi diverse que variée.

Au-delà de l'aspect professionnel, côtoyer Pierre Kompany, c'est apprendre tous les jours de sa sagesse et de son implication citoyenne. J'ai grandi à ses côtés en profitant de chaque expérience vécue. J'ai suivi son évolution en étant au premier rang. L'amour qu'il porte aux siens et à l'être humain en général est inconditionnel. Généreux, patient, prévenant, présent, il est à l'écoute des autres avec un seuil d'empathie inébranlable.

Quand on m'a proposé d'écrire sa biographie, je ne pouvais pas refuser. C'est un challenge, certes, mais c'est une suite logique. Il n'est pas toujours évident de « lire en lui » ; les années passées auprès de lui me permettent, sans prétention, de mieux comprendre son cheminement. Il fait partie de ces hommes rares qui ont un parcours de vie époustouflant, un destin incroyable.

Isabelle VERLINDEN JARBATH

Table des matières

« Je suis le fils d'un chef » 9
L'école laïque mixte 15
Les vacances à Tshikapa 19
Deux tribus s'affrontent 23
Les poètes de « la main noire » 37
Lovanium 43
Treize mois et quinze jours à Kitona 53
La Belgique, ma terre d'accueil 65
« Je reste » ou « Je ne reste pas » 77
Ingénieur industriel en aéronautique 81
Médaille d'or au Salon des Inventions 85
Jo et moi 95
Christel, Vincent, François, de fortes personnalités 113
La passion du ballon rond 131
Vincent, un parcours sans faute 137
Retour au pays 159
Bourgmestre de Ganshoren et député bruxellois 169

Conclusion 185

Mon père avec mon frère Pascal (à droite) et moi.

Pierre Kompany Un destin incroyable

—
Mon frère Pascal (à droite) et moi entourant notre grand-mère.

Une photo de mon grand-père, Pierre Kompany Tshimanga, dans les années 1930. Nous lui devons le nom de Kompany. Il avait la gestion de tous les magasins de la MIBA (société minière de Bakwanga), où il allait récolter les recettes. On disait de lui, à la fin du mois : « La Kompany va arriver pour venir chercher l'argent. » C'est ainsi que le nom Kompany apparut. Il le conserva et le reprit sur sa carte d'identité. À droite, ma grand-mère ; devant elle, mon père et son frère entourés du reste de la fratrie.

—
Mes parents, dans les années 1950, avec la sœur de ma mère, mon frère Pascal et moi (sur la chaise).
—
Ma mère en visite chez Pascal à Kinshasa.

Pierre Kompany Un destin incroyable

Un portrait de moi à l'âge de 16 ans.

À l'époque de l'université de Lubumbashi (1973), je suis commandant en chef. À mes côtés, deux commandants de divers départements du bataillon de miliciens composé de plus de mille étudiants.

—
La glorieuse équipe du TP Mazembe (je suis accroupi, le troisième en partant de la droite).

—
Avec des amis, à la piscine de l'université (je suis à gauche). Lors de mon retour au Congo, des années plus tard, cette piscine sera vide et habitée par des grenouilles.

—
Avec d'autres élèves (je suis à gauche) de l'école
de Kanina (Gombe), lors du Défilé du 30 juin,
à Kinshasa, en présence du président Joseph
Kasa-Vubu, peu avant le coup d'État de Mobutu.
—
Dans les années 1970, l'équipe
du RC Mechelen.

Pierre Kompany Un destin incroyable

—
Deux photos d'équipes amateurs avec lesquelles j'ai joué en Belgique.
En haut, une sélection composée de Congolais qui vivaient en Belgique.

Jo et moi sur la Grand-Place de Bruxelles, le jour de notre mariage.

Avec Jo, avant les enfants.

Pierre Kompany Un destin incroyable

Plusieurs illustrations de mon travail sur les éoliennes, pour lesquelles j'ai notamment remporté deux médailles d'or aux Salons des Inventions de Bruxelles et Genève.

Pierre Kompany Un destin incroyable

Numéro : BF 035164
Nom : Kompany
Prénoms : Christel Ginette Nabugoma Diba
Filiation : fille de Kompany, Ntalaja-Kabanza Tshimanga et de Fraselle, Joseline Anna
Nationalité : Belge
Née à Braine-l'Alleud le 15 mars 1984
Inscrite le 15/03/1984
Domicile(rue, num., commune) Avenue de l'Héliport, 35/b6P à 1210 Bruxelles
Taille : . m .... cm
Délivré le 22/04/1994
La validité du document expire le 21 avril 1995
L'Officier de l'Etat civil (ou son délégué)

Numéro : BF 039983
Nom : Kompany
Prénoms : Vincent Jean Mpoy
Filiation : fils de Kompany, Ntalaja-Kabanza Tshimanga et de Fraselle, Joseline Anna
Nationalité : Belge
Né à Uccle le 10 avril 1986
Inscrit le 10/04/1986
Domicile(rue, num., commune) Avenue de l'Héliport, 35/b6P à 1210 Bruxelles
Taille : . m .... cm
Délivré le 22/04/1994
La validité du document expire le 21 avril 1995
L'Officier de l'Etat civil (ou son délégué)

Numéro : EF 050 508
Nom : Kompany
Prénoms : François Valérien Mukuna
Filiation : fils de Kompany, Ntalaja-Kabanza Tshimanga et de Fraselle, Joseline Anna
Nationalité : Belge
Né à Anderlecht le 28 septembre 1989
Inscrit le 28/09/1989
Domicile(rue, num., commune) Avenue de l'Héliport, 35/b6P à 1210 Bruxelles
Taille : . m .... cm
Délivré le 22/04/1994
La validité du document expire le 21 avril 1995
L'Officier de l'Etat civil (ou son délégué)

—
Les certificats d'identité de nos enfants.

—
François (devant à gauche), Vincent et Christel avec les enfants des voisins, dans notre appartement à l'Héliport.
—
Christel et Vincent avec une mini-éolienne.

Pierre Kompany Un destin incroyable

Lors d'un voyage en famille.

Avec Vincent, au grand-duché de Luxembourg.

Photos de droite : Vincent avec son petit frère et sa grande sœur ; Jo avec les enfants.

Pierre Kompany Un destin incroyable

Christel, championne d'athlétisme, est également présidente de l'association BX Brussels.

Le mariage de Christel et Zou en 2013.

François a fait son chemin dans le football. Il a fondé une belle famille (avec sa fiancée Melissa et leur fille Maëlia).

Pierre Kompany Un destin incroyable

Vincent en préminimes à Anderlecht et lors d'un tournoi à Beerschot (remporté contre l'Ajax), où il ne s'est pas vu décerner le titre de « meilleur joueur ».

Lors de la cérémonie du Soulier d'or 2004 au Kursaal d'Ostende.

Avec Vincent, lors de mon premier Gala de l'amitié, que j'organise tous les deux ans.

Nommé Bruxellois de l'année 2004 !
© Photo News

Le 11 juin 2019, je siège à la présidence du Parlement de Bruxelles. Dans l'attente de l'attribution du poste, la session est présidée par le doyen...

—
En 2018, je prête serment en tant que bourgmestre de Ganshoren.
© André Pacquay
—
La presse internationale (ici, un journaliste japonais) s'est intéressée à la nomination du premier bourgmestre noir de Belgique.

Pierre Kompany Un destin incroyable

—
Lors d'un meeting du cdH, je suis avec ma collaboratrice Isabelle Verlinden, Olivier Jarbath et mon amie, Selloi Hannaoui.
—
François, Vincent et son jeune fils Kai.

—
François sous les couleurs de Manchester City, lors du jubilé de Vincent. Ici, avec Kenny Saief.
© Photo News
—
À l'occasion du jubilé de Vincent, un portrait de lui en mosaïque est placé à l'entrée du complexe d'entraînement de Manchester City.
© Selloi Hannaoui

Pierre Kompany Un destin incroyable

Vincent, de retour sur le gazon d'Anderlecht.

ACHEVÉ D'IMPRIMER EN OCTOBRE 2019 SUR
LES PRESSES DE L'IMPRIMERIE V.D. (TEMSE, BELGIQUE)